book2

English – Albanian

for beginners

A book in 2 languages

www.book2.de

GOETHE VERLAG

IMPRESSUM

Johannes Schumann:
book2 English - Albanian
EAN-13 (ISBN-13): 9781440443800

© Copyright 2009 by Goethe-Verlag Munich and licensors. All rights reserved. No part of this work may be reproduced or transmitted in any form or by any means, electronic or mechanical, including photocopying and recording, or by any information storage or retrieval system without the prior written permission of Goethe-Verlag GmbH unless such copying is expressly permitted by federal copyright law. Address inquiries to:

© Copyright 2009 Goethe-Verlag München und Lizenzgeber. Alle Rechte vorbehalten, auch die der fotomechanischen Wiedergabe und der Speicherung in elektronischen Medien. Jede Verwendung in anderen als den gesetzlich zugelassenen Fällen bedarf der schriftlichen Einwilligung des Goethe-Verlags:

Goethe-Verlag GmbH
Postfach 152008
80051 München
Germany

Fax +49-89-74790012
www.book2.de
www.goethe-verlag.com

Table of contents

People	4	At the airport	38	to need – to want to	72
Family Members	5	Public transportation	39	to like something	73
Getting to know others	6	En route	40	to want something	74
At school	7	In the taxi	41	to have to do something / must	75
Countries and Languages	8	Car breakdown	42	to be allowed to	76
Reading and writing	9	Asking for directions	43	Asking for something	77
Numbers	10	Where is … ?	44	Giving reasons 1	78
The time	11	City tour	45	Giving reasons 2	79
Days of the week	12	At the zoo	46	Giving reasons 3	80
Yesterday – today – tomorrow	13	Going out in the evening	47	Adjectives 1	81
Months	14	At the cinema	48	Adjectives 2	82
Beverages	15	In the discotheque	49	Adjectives 3	83
Activities	16	Preparing a trip	50	Past tense 1	84
Colors	17	Vacation activities	51	Past tense 2	85
Fruits and food	18	Sports	52	Past tense 3	86
Seasons and Weather	19	In the swimming pool	53	Past tense 4	87
Around the house	20	Running errands	54	Questions – Past tense 1	88
House cleaning	21	In the department store	55	Questions – Past tense 2	89
In the kitchen	22	Shops	56	Past tense of modal verbs 1	90
Small Talk 1	23	Shopping	57	Past tense of modal verbs 2	91
Small Talk 2	24	Working	58	Imperative 1	92
Small Talk 3	25	Feelings	59	Imperative 2	93
Learning foreign languages	26	At the doctor	60	Subordinate clauses: *that* 1	94
Appointment	27	Parts of the body	61	Subordinate clauses: *that* 2	95
In the city	28	At the post office	62	Subordinate clauses: *if*	96
In nature	29	At the bank	63	Conjunctions 1	97
In the hotel – Arrival	30	Ordinal numbers	64	Conjunctions 2	98
In the hotel – Complaints	31	Asking questions 1	65	Conjunctions 3	99
At the restaurant 1	32	Asking questions 2	66	Conjunctions 4	100
At the restaurant 2	33	Negation 1	67	Double connectors	101
At the restaurant 3	34	Negation 2	68	Genitive	102
At the restaurant 4	35	Possessive pronouns 1	69	Adverbs	103
At the train station	36	Possessive pronouns 2	70		
On the train	37	*big – small*	71		

1 [one]

People

1 [një]

Persona

I	unë
I and you	unë dhe ti
both of us	ne të dy
he	ai
he and she	ai dhe ajo
they both	ata të dy
the man	burri
the woman	gruaja
the child	fëmija
a family	një familje
my family	familja ime
My family is here.	Familja ime është këtu.
I am here.	Unë jam këtu.
You are here.	Ti je këtu.
He is here and she is here.	Ai është këtu dhe ajo është këtu.
We are here.	Ne jemi këtu.
You are here.	Ju jeni këtu.
They are all here.	Ata janë të gjithë këtu.

2 [two]

Family Members

2 [dy]

Familja

the grandfather	gjyshi
the grandmother	gjyshja
he and she	ai dhe ajo
the father	babai
the mother	nëna
he and she	ai dhe ajo
the son	i biri/djali
the daughter	e bija / vajza
he and she	ai dhe ajo
the brother	vëllai
the sister	motra
he and she	ai dhe ajo
the uncle	xhaxhai, daja
the aunt	tezja, halla
he and she	ai dhe ajo

We are a family.
The family is not small.
The family is big.

Ne jemi një familje.
Familja nuk është e vogël.
Familja është e madhe.

3 [three]

Getting to know others

3 [tre]

Njoh

Hi!
Hello!
How are you?

Tungjatjeta! / Ç'kemi!
Mirëdita!
Si jeni?

Do you come from Europe?
Do you come from America?
Do you come from Asia?

Vini nga Europa?
Vini nga Amerika?
Vini nga Azia?

In which hotel are you staying?
How long have you been here for?
How long will you be staying?

Në cilin hotel po rrini?
Sa kohë keni këtu?
Sa do të rrini?

Do you like it here?
Are you here on vacation?
Please do visit me sometime!

A ju pëlqen këtu?
Këtu po i kaloni pushimet?
Ejani ndonjëherë për vizitë!

Here is my address.
Shall we see each other tomorrow?
I am sorry, but I already have plans.

Kjo është adresa ime.
A do të shihemi nesër?
Më vjen keq, por kam punë.

Bye!
Good bye!
See you soon!

Mirupafshim!
Mirupafshim!
Shihemi pastaj!

4 [four]

At school

4 [katër]

Në shkollë

Where are we?	Ku jemi?
We are at school.	Ne jemi në shkollë.
We are having class / a lesson.	Ne kemi mësim.
Those are the school children.	Këto janë nxënësit.
That is the teacher.	Kjo është mësuesja.
That is the class.	Kjo është klasa.
What are we doing?	Çfarë bëjmë ne?
We are learning.	Ne mësojmë.
We are learning a language.	Ne mësojmë një gjuhë.
I learn English.	Unë mësoj anglisht.
You learn Spanish.	Ti mëson spanisht.
He learns German.	Ai mëson gjermanisht.
We learn French.	Ne mësojmë frëngjisht.
You all learn Italian.	Ju mësoni italisht.
They learn Russian.	Ato mësojnë rusisht.
Learning languages is interesting.	Të mësosh gjuhë të huaja është interesante.
We want to understand people.	Duam ti kuptojmë njerëzit.
We want to speak with people.	Duam të flasim me njerëzit.

5 [five]

Countries and Languages

5 [pesë]

Vende dhe gjuhë

John is from London. London is in Great Britain. He speaks English.	Xhoni është nga Londra. Londra ndodhet në Britaninë e Madhe. Ai flet anglisht.
Maria is from Madrid. Madrid is in Spain. She speaks Spanish.	Maria është nga Madridi. Madridi ndodhet në Spanjë. Ajo flet spanjisht.
Peter and Martha are from Berlin. Berlin is in Germany. Do both of you speak German?	Petri dhe Marta janë nga Berlini. Berlini ndodhet në Gjermani. Flisni ju te dy gjermanisht?
London is a capital city. Madrid and Berlin are also capital cities. Capital cities are big and noisy.	Londra është një kryeqytet. Madridi dhe Berlini janë gjithashtu kryeqytete. Kryeqytetet janë të mëdhenj dhe të zhurmshëm.
France is in Europe. Egypt is in Africa. Japan is in Asia.	Franca ndodhet në Europë. Egjipti ndodhet në Afrikë. Japonia ndodhet në Azi.
Canada is in North America. Panama is in Central America. Brazil is in South America.	Kanadaja ndodhet në Amerikën e Veriut. Panamaja ndodhet në Amerikën Qendrore. Brazili ndodhet në Amerikën e Jugut.

6 [six]

Reading and writing

6 [gjashtë]

Lexoj dhe shkruaj

I read.	Unë lexoj.
I read a letter.	Unë lexoj një shkronjë.
I read a word.	Unë lexoj një fjalë.
I read a sentence.	Unë lexoj një fjali.
I read a letter.	Une lexoj një letër.
I read a book.	Une lexoj një libër.
I read.	Unë lexoj.
You read.	Ti lexon.
He reads.	Ai lexon.
I write.	Unë shkruaj.
I write a letter.	Unë shkruaj një shkronjë.
I write a word.	Unë shkruaj një fjalë.
I write a sentence.	Unë shkruaj një fjali.
I write a letter.	Unë shkruaj një letër.
I write a book.	Unë shkruaj një libër.
I write.	Unë shkruaj.
You write.	Ti shkruan.
He writes.	Ai shkruan.

7 [seven]

Numbers

7 [shtatë]

Numrat

I count:
one, two, three
I count to three.

I count further:
four, five, six,
seven, eight, nine

I count.
You count.
He counts.

One. The first.
Two. The second.
Three. The third.

Four. The fourth.
Five. The fifth.
Six. The sixth.

Seven. The seventh.
Eight. The eighth.
Nine. The ninth.

Unë numëroj:
një,dy,tre
Unë numëroj deri në tre.

Po numëroj më tutje/tej:
katër, pesë, gjashtë,
Shtatë,tetë, nëntë

Unë numëroj.
Ti numëron.
Ai numëron.

një. I pari.
dy. I dyti.
tre. I treti.

Katër. I katërti.
Pesë. I pesti.
Gjashtë. I gjashti.

Shtatë. I shtati.
Tetë. I teti.
Nëntë. I nënti.

8 [eight]

The time

8 [tetë]

Orët

Excuse me!
What time is it, please?
Thank you very much.

It is one o'clock.
It is two o'clock.
It is three o'clock.

It is four o'clock.
It is five o'clock.
It is six o'clock.

It is seven o'clock.
It is eight o'clock.
It is nine o'clock.

It is ten o'clock.
It is eleven o'clock.
It is twelve o'clock.

A minute has sixty seconds.
An hour has sixty minutes.
A day has twenty-four hours.

Më falni!
Sa është ora, ju lutem?
Faleminderit shumë.

Është ora një.
Është ora dy.
Është ora tre.

Është ora katër.
Është ora pesë.
Është ora gjashtë.

Është ora shtatë.
Është ora tetë.
Është ora nëntë.

Është ora dhjetë.
Është ora njëmbëdhjetë.
Është ora dymbëdhjetë.

Një minutë ka gjashtëdhjetë sekonda.
Një orë ka gjashtëdhjetë minuta.
Një ditë ka njëzetekatër orë.

9 [nine]
Days of the week

9 [nëntë]
Ditët e javës

Monday	e hënë
Tuesday	e martë
Wednesday	e mërkurrë
Thursday	e enjte
Friday	e premte
Saturday	e shtunë
Sunday	e dielë
the week	Java
from Monday to Sunday	nga e hëna në të dielë.
The first day is Monday.	Dita e parë është e hëna.
The second day is Tuesday.	Dita e dytë është e marta.
The third day is Wednesday.	Dita e tretë është e mërkurra.
The fourth day is Thursday.	Dita e katërt është e enjtja.
The fifth day is Friday.	Dita e pestë është e premtja.
The sixth day is Saturday.	Dita e gjashtë është e shtuna.
The seventh day is Sunday.	Dita e shtatë është e diela.
The week has seven days.	Java ka shtatë ditë.
We only work for five days.	Ne punojmë vetëm pesë ditë.

10 [ten]

Yesterday – today – tomorrow

10 [dhjetë]

Dje – sot – nesër

Yesterday was Saturday.	Dje ishte e shtunë.
I was at the cinema yesterday.	Dje isha në kinema.
The film was interesting.	Filmi ishte interesant.
Today is Sunday.	Sot është e dielë.
I'm not working today.	Sot nuk punoj.
I'm staying at home.	Po rri në shtëpi.
Tomorrow is Monday.	Nesër është e hënë.
Tomorrow I will work again.	Nesër do të punoj përsëri.
I work at an office.	Unë punoj në zyrë.
Who is that?	Kush është ky?
That is Peter.	Ky është Peteri.
Peter is a student.	Peteri është student.
Who is that?	Kush ëshë kjo?
That is Martha.	Kjo është Marta.
Martha is a secretary.	Marta është sekretare.
Peter and Martha are friends.	Petri dhe Marta janë shokë.
Peter is Martha's friend.	Petri është shoku i Martës.
Martha is Peter's friend.	Marta është shoqja e Peterit.

11 [eleven]

Months

11 [njëmbëdhjetë]

Muajt

January	janar
February	shkurt
March	mars
April	prill
May	maj
June	qershor

These are six months.
January, February, March,
April, May and June.

Këto janë gjashtë muaj.
janar, shkurt, mars,
prill, maj dhe qershor.

July	korriku
August	gushti
September	shtatori
October	tetori
November	nëntori
December	dhjetori

These are also six months.
July, August, September,
October, November and December.

Edhe këto janë gjashtë muaj.
korrik, gusht, shtator
tetor, nëntor dhe dhjetor.

12 [twelve]

Beverages

12 [dymbëdhjetë]

Pije

I drink tea.	Unë pi çaj.
I drink coffee.	Unë pi kafe.
I drink mineral water.	Unë pi ujë mineral.
Do you drink tea with lemon?	A e pi çajin me limon?
Do you drink coffee with sugar?	A e pi kafenë me sheqer?
Do you drink water with ice?	A e pi ujin me akull?
There is a party here.	Këtu bëhet një festë.
People are drinking champagne.	Njerëzit pijnë shampanjë.
People are drinking wine and beer.	Njerëzit pijnë verë dhe birrë.
Do you drink alcohol?	A pi alkool?
Do you drink whisky / whiskey *(am.)*?	A pi uiski?
Do you drink Coke with rum?	A pi kola me rum?
I do not like champagne.	Shampanja nuk më pëlqen.
I do not like wine.	Vera nuk më pëlqen.
I do not like beer.	Birra nuk më pëlqen.
The baby likes milk.	Bebi do qumësht.
The child likes cocoa and apple juice.	Fëmija do kakao dhe lëng molle.
The woman likes orange and grapefruit juice.	Gruaja do lëng portokalli dhe lëng qitroje.

13 [thirteen]

Activities

13 [trembëdhjetë]

Veprimtaritë

What does Martha do?	Çfarë bën Marta?
She works at an office.	Ajo punon në zyrë.
She works on the computer.	Ajo punon në kompjuter.
Where is Martha?	Ku është Marta?
At the cinema.	Në kinema.
She is watching a film.	Ajo po shikon një film.
What does Peter do?	Çfarë bën Peteri?
He studies at the university.	Ai studion në universitet.
He studies languages.	Ai studion gjuhë te huaja.
Where is Peter?	Ku është Peteri?
At the café.	Në kafene.
He is drinking coffee.	Ai pi kafe.
Where do they like to go?	Ku shkoni me qejf?
To a concert.	Në koncert.
They like to listen to music.	Ata dëgjojnë me kënaqësi muzikë.
Where do they not like to go?	Ku nuk shkoni me qejf?
To the disco.	Në disko.
They do not like to dance.	Atyre nuk u pëlqen të kërcejnë.

14 [fourteen]

Colors

14 [katërmbëdhjetë]

Ngjyrat

Snow is white.
The sun is yellow.
The orange is orange.

The cherry is red.
The sky is blue.
The grass is green.

The earth is brown.
The cloud is grey / gray *(am.)*.
The tyres / tires *(am.)* are black.

What colour / color *(am.)* is the snow? White.
What colour / color *(am.)* is the sun? Yellow.
What colour / color *(am.)* is the orange? Orange.

What colour / color *(am.)* is the cherry? Red.
What colour / color *(am.)* is the sky? Blue.
What colour / color *(am.)* is the grass? Green.

What colour / color *(am.)* is the earth? Brown.
What colour / color *(am.)* is the cloud? Grey / Gray *(am.)*.
What colour / color *(am.)* are the tyres / tires *(am.)*? Black.

Bora është e bardhë.
Dielli është i verdhë.
Portokalli është portokalli.

Qershia është e kuqe.
Qielli është blu.
Bari është i gjelbërt.

Toka është kafe.
Reja është gri.
Rrotat janë të zeza.

Çfarë ngjyre është bora? E bardhë.
Çfarë ngjyre është dielli? I verdhë.
Çfarë ngjyre është portokalli? Portokalli.

Çfarë ngjyre është qershia? E kuqe.
Çfarë ngjyre është qielli? Blu.
Çfarë ngjyre është bari? I gjelbërt.

Çfarë ngjyre është toka? Kafe.
Çfarë ngjyre është reja? Gri.
Çfarë ngjyre janë rrotat? Të zeza.

15 [fifteen]

Fruits and food

15 [pesëmbëdhjetë]

Fruta dhe perime

I have a strawberry.	Kam një luleshtrydhe.
I have a kiwi and a melon.	Kam një kivi dhe një pjepër.
I have an orange and a grapefruit.	Kam një portokall dhe një qitro.

I have an apple and a mango.	Kam një mollë dhe një mango.
I have a banana and a pineapple.	Kam një banane dhe një ananas.
I am making a fruit salad.	Po bëj një sallatë me fruta.

I am eating toast.	Unë ha një fetë bukë të thekur.
I am eating toast with butter.	Unë ha një fetë bukë të thekur me gjalpë.
I am eating toast with butter and jam.	Unë ha një fetë bukë të thekur me gjalpë dhe marmalatë.

I am eating a sandwich.	Unë ha një sanduiç.
I am eating a sandwich with margarine.	Unë ha një sanduiç me margarinë.
I am eating a sandwich with margarine and tomatoes.	Unë ha një sanduiç me margarinë dhe domate.

We need bread and rice.	Duam bukë dhe oriz.
We need fish and steaks.	Duam peshk dhe biftek.
We need pizza and spaghetti.	Duam pica dhe makarona.

What else do we need?	Për çfarë kemi nevojë tjetër?
We need carrots and tomatoes for the soup.	Na duhen karrota dhe domate për supën.
Where is the supermarket?	Ku ka nje supermarket?

16 [sixteen]

Seasons and Weather

16 [gjashtëmbëdhjetë]

Stinët dhe moti

These are the seasons:
Spring, summer,
autumn / fall *(am.)* and winter.

Këto janë stinët e vitit:
pranvera, vera
Vjeshta dhe dimri.

The summer is warm.
The sun shines in summer.
We like to go for a walk in summer.

Vera është e nxehtë.
Në verë dielli shkëlqen.
Në verë dalim shëtitje me qejf.

The winter is cold.
It snows or rains in winter.
We like to stay home in winter.

Dimri është i ftohtë.
Në dimër bie borë ose shi.
Në dimër rrimë në shtëpi me qejf.

It is cold.
It is raining.
It is windy.

Është ftohtë.
Bie shi.
Fryn erë.

It is warm.
It is sunny.
It is pleasant.

Është ngrohtë.
Është ditë me diell.
Është kohë e kthjellët.

What is the weather like today?
It is cold today.
It is warm today.

Si është moti sot?
Sot është ftohtë.
Sot është ngrohtë.

17 [seventeen]

Around the house

17 [shtatëmbëdhjetë]

Në shtëpi

Our house is here.	Këtu është shtëpia jonë.
The roof is on top.	Lart është çatia.
The basement is below.	Poshtë është bodrumi.
There is a garden behind the house.	Mbrapa shtëpisë është kopshti.
There is no street in front of the house.	Para shtëpisë nuk ka rrugë.
There are trees next to the house.	Pranë shtëpisë ka pemë.
My apartment is here.	Kjo është banesa ime.
The kitchen and bathroom are here.	Kjo është kuzhina dhe banjoja.
The living room and bedroom are there.	Atje është dhoma e ndenjes dhe dhoma e gjumit.
The front door is closed.	Dera e shtëpisë është e mbyllur.
But the windows are open.	Por dritaret janë të hapura.
It is hot today.	Sot është nxehtë.
We are going to the living room.	Ne shkojmë në dhomën e ndenjes.
There is a sofa and an armchair there.	Atje është një divan dhe një kolltuk.
Please, sit down!	Uluni!
My computer is there.	Atje është kompjuteri im.
My stereo is there.	Atje është magnetofoni im.
The TV set is brand new.	Televizori është i ri fare.

18 [eighteen]

House cleaning

18 [tetëmbëdhjetë]

Pastrim shtëpie

Today is Saturday.
We have time today.
We are cleaning the apartment today.

I am cleaning the bathroom.
My husband is washing the car.
The children are cleaning the bicycles.

Grandma is watering the flowers.
The children are cleaning up the children's room.
My husband is tidying up his desk.

I am putting the laundry in the washing machine.
I am hanging up the laundry.
I am ironing the clothes.

The windows are dirty.
The floor is dirty.
The dishes are dirty.

Who washes the windows?
Who does the vacuuming?
Who does the dishes?

Sot është e shtunë.
Sot kemi kohë.
Sot pastrojmë shtëpinë.

Unë pastroj banjon.
Burri im lan makinën.
Fëmijët lajnë biçikletat.

Gjyshja ujit lulet.
Fëmijët pastrojnë dhomën.
Burri im pastron tavolinën e shkrimit.

Fus rrobat në lavatriçe.
Var rrobat.
Hekuros rrobat.

Dritaret janë të pista.
Dyshemeja është e pistë.
Enët janë të palara.

Kush i lan dritaret?
Kush e merr pluhurin?
Kush i lan enët?

19 [nineteen]

In the kitchen

19 [nëntëmbëdhjetë]

Në kuzhinë

Do you have a new kitchen?
What do you want to cook today?
Do you cook on an electric or a gas stove?

Shall I cut the onions?
Shall I peel the potatoes?
Shall I rinse the lettuce?

Where are the glasses?
Where are the dishes?
Where is the cutlery / silverware (am.)?

Do you have a can opener?
Do you have a bottle opener?
Do you have a corkscrew?

Are you cooking the soup in this pot?
Are you frying the fish in this pan?
Are you grilling the vegetables on this grill?

I am setting the table.
Here are the knives, the forks and the spoons.
Here are the glasses, the plates and the napkins.

E ke kuzhinën të re?
Çfarë do të gatuash sot?
Gatuan me korent apo me gaz?

A ti pres qepët?
A ti qëroj patatet?
A ta laj sallatën?

Ku jane gotat?
Ku janë enët?
Ku është kompleti?

A ke hapëse kanaçesh?
A ke hapëse shishesh?
A ke tapëxjerrëse?

Do e gatuash supën te kjo tenxherja?
Do e skuqësh peshkun në këtë tigan?
Do i pjekësh perimet te ky gril?

Unë shtroj tavolinën.
Këtu janë thikat, pirunjtë dhe lugët.
Këtu janë gotat, pjatat dhe picetat.

20 [twenty]

Small Talk 1

20 [njëzet]

Bisedë e shkurtër 1

Make yourself comfortable!
Please, feel right at home!
What would you like to drink?

Rehatohuni!
Rrini si në shtëpinë tuaj!
Çfarë dëshironi të pini?

Do you like music?
I like classical music.
These are my CD's.

A ju pëlqen muzika?
Më pëlqen muzika klasike.
Ja ku janë CD-të e mia.

Do you play a musical instrument?
This is my guitar.
Do you like to sing?

A luani ndonjë instrument?
Ja kitara ime.
A këndoni me qejf?

Do you have children?
Do you have a dog?
Do you have a cat?

A keni fëmijë?
A keni qen?
A keni mace?

These are my books.
I am currently reading this book.
What do you like to read?

Ja librat e mi.
Po lexoj këtë libër.
Çfarë lexoni me qejf?

Do you likc to go to concerts?
Do you like to go to the theatre / theater *(am.)*?
Do you like to go to the opera?

A shkoni me qejf në koncert?
A shkoni me qejf në teatër?
A shkoni me qejf në opera?

21 [twenty-one]

Small Talk 2

21 [njëzetenjë]

Bisedë e shkurtër 2

Where do you come from?	Nga vini?
From Basel.	Nga Bazeli.
Basel is in Switzerland.	Bazeli ndodhet në Zvicër.
May I introduce Mr. Miller?	A mund t'ju prezantoj me zotin Myler?
He is a foreigner.	Ai është i huaj.
He speaks several languages.	Ai flet disa gjuhë.
Are you here for the first time?	Është hera e parë qe jeni këtu?
No, I was here once last year.	Jo, vitin e kaluar isha këtu.
Only for a week, though.	Por vetëm për një javë.
How do you like it here?	A ju pëlqen këtu te ne?
A lot. The people are nice.	Shumë mirë. Njerëzit janë të sjellshëm.
And I like the scenery, too.	Dhe natyra më pëlqen shumë.
What is your profession?	Çfarë profesioni keni?
I am a translator.	Jam përkthyes.
I translate books.	Unë përkthej libra.
Are you alone here?	Vetëm jeni këtu?
No, my wife / my husband is also here.	Jo, gruaja ime / burri im është gjithashtu këtu.
And those are my two children.	Dhe atje janë të dy fëmijët e mi.

22 [twenty-two]

Small Talk 3

22 [njëzetedy]

Bisedë e shkurtër 3

Do you smoke?	A pini duhan?
I used to.	Më përpara pija.
But I don't smoke anymore.	Por tani nuk pi më.
Does it disturb you if I smoke?	A bezdiseni, në qoftë se pi duhan?
No, absolutely not.	Jo, absolutisht jo.
It doesn't disturb me.	Nuk bezdisem.
Will you drink something?	Doni të pini diçka?
A brandy?	Një konjak?
No, preferably a beer.	Jo, më mirë një birrë.
Do you travel a lot?	A udhëtoni shumë?
Yes, mostly on business trips.	Po, në të shumtën e rasteve për punë.
But now we're on holiday.	Por tani po bëjmë pushime këtu.
It's so hot!	Sa vapë!
Yes, today it's really hot.	Po, tani është me të vërtetë nxehtë.
Let's go to the balcony.	A dalim në ballkon?
There's a party here tomorrow.	Nesër këtu ka festë.
Are you also coming?	A do të vini dhe ju?
Yes, we've also been invited.	Po, edhe ne jemi të ftuar.

23 [twenty-three]

Learning foreign languages

23 [njëzetetre]

Mësoj gjuhë të huaja

Where did you learn Spanish?	Ku keni mësuar spanjisht?
Can you also speak Portuguese?	A dini portugalisht?
Yes, and I also speak some Italian.	Po, di dhe pak italisht.
I think you speak very well.	Mendoj se flisni shumë mirë.
The languages are quite similar.	Gjuhët janë gati të ngjashme.
I can understand them well.	Mund t'ju kuptoj mirë.
But speaking and writing is difficult.	Por të flasësh dhe të shkruash është e vështirë.
I still make many mistakes.	Bëj akoma shumë gabime.
Please correct me each time.	Ju lutem më korrigjoni.
Your pronunciation is very good.	Shqiptimi juaj është mjaft i mirë.
You only have a slight accent.	Ju keni një nuancë në shqiptim.
One can tell where you come from.	Dalloheni se nga vini.
What is your mother tongue / native language *(am.)*?	Cila është gjuha juaj amtare?
Are you taking a language course?	A frekuentoni ndonjë kurs gjuhe?
Which textbook are you using?	Çfarë libri përdorni?
I don't remember the name right now.	Nuk e di për momentin, se si quhet.
The title is not coming to me.	S'më kujtohet titulli.
I've forgotten it.	E kam harruar.

24 [twenty-four]

Appointment

24 [njëzetekatër]

Takim

Did you miss the bus?	Të iku autobusi?
I waited for you for half an hour.	Të kam pritur një gjysmë ore.
Don't you have a mobile / cell phone *(am.)* with you?	A s'ke celular me vete?
Be punctual next time!	Herën tjetër ji korrekt!
Take a taxi next time!	Herën tjetër merr një taksi!
Take an umbrella with you next time!	Herën tjetër merr një çadër me vete!
I have the day off tomorrow.	Nesër kam pushim.
Shall we meet tomorrow?	A do të takohemi nesër?
I'm sorry, I can't make it tomorrow.	Më vjen keq, nesër s'mundem.
Do you already have plans for this weekend?	A ke ndonje plan këtë fundjavë?
Or do you already have an appointment?	Apo ke lënë tashmë ndonjë takim?
I suggest that we meet on the weekend.	Propozoj të takohemi në fundjavë.
Shall we have a picnic?	A shkojmë për piknik?
Shall we go to the beach?	A shkojmë në plazh?
Shall we go to the mountains?	A shkojmë në mal?
I will pick you up at the office.	Po vij të të marr në zyrë
I will pick you up at home.	Po vij të të marr në shtëpi.
I will pick you up at the bus stop.	Po vij të të marr te stacioni i autobusit.

25 [twenty-five]

In the city

25 [njëzetepesë]

Në qytet

I would like to go to the station.	Dua të shkoj te stacioni i trenit.
I would like to go to the airport.	Dua të shkoj në aeroport.
I would like to go to the city centre / center *(am.)*.	Dua të shkoj në qendër.
How do I get to the station?	Si shkohet te stacioni i trenit?
How do I get to the airport?	Si shkohet në aeroport?
How do I get to the city centre / center *(am.)*?	Si shkohet në qendër?
I need a taxi.	Kam nevojë për një taksi.
I need a city map.	Kam nevojë për një plan qyteti.
I need a hotel.	Kam nevojë për një hotel.
I would like to rent a car.	Dua të marr me qira një makinë.
Here is my credit card.	Urdhëro kartën time të kreditit.
Here is my licence / license *(am.)*.	Urdhëro patentën time.
What is there to see in the city?	Çfarë mund të vizitoj në qytet?
Go to the old city.	Shkoni në lagjen e vjetër të qytetit.
Go on a city tour.	Bëni një xhiro nëpër qytet.
Go to the harbour / harbor *(am.)*.	Shkoni te porti.
Go on a harbour / harbor *(am.)* tour.	Bëni një xhiro në port.
Are there any other places of interest?	Çfarë ia vlen të vizitosh tjetër?

26 [twenty-six]

In nature

26 [njëzetegjashtë]

Në natyrë

Do you see the tower there?	A e shikon kullën?
Do you see the mountain there?	A e shikon malin?
Do you see the village there?	A e shikon fshatin?
Do you see the river there?	A e shikon lumin?
Do you see the bridge there?	A e shikon urën?
Do you see the lake there?	A e shikon liqenin?
I like that bird.	Zogu atje më pëlqen.
I like that tree.	Pema atje më pëlqen.
I like this stone.	Guri atje më pëlqen.
I like that park.	Parku atje më pëlqen.
I like that garden.	Kopshti atje më pëlqen.
I like this flower.	Lulja këtu më pëlqen.
I find that pretty.	Më duket i bukur.
I find that interesting.	Më duket interesant.
I find that gorgeous.	Më duket i mrekullueshëm.
I find that ugly.	Më duket i shëmtuar.
I find that boring.	Më duket i mërzitshëm.
I find that terrible.	Më duket i frikshëm.

27 [twenty-seven]

In the hotel – Arrival

27 [njëzeteshtatë]

Në hotel – Mbërritja

Do you have a vacant room?	A keni ndonjë dhomë të lirë?
I have booked a room.	Kam rezervuar një dhomë.
My name is Miller.	Emri im është Myler.
I need a single room.	Dua një dhomë teke.
I need a double room.	Dua një dhomë çift.
What does the room cost per night?	Sa kushton dhoma për një natë?
I would like a room with a bathroom.	Dua një dhomë me banjo.
I would like a room with a shower.	Dua një dhomë me dush.
Can I see the room?	A mund ta shoh dhomën?
Is there a garage here?	A ka garazh këtu?
Is there a safe here?	A ka kasafortë këtu?
Is there a fax machine here?	A ka faks këtu?
Fine, I'll take the room.	Mirë, po e marr dhomën.
Here are the keys.	Urdhëroni çelsat.
Here is my luggage.	Urdhëroni valixhen time.
What time do you serve breakfast?	Në ç'orë hahet mëngjesi?
What time do you serve lunch?	Në ç'orë hahet dreka?
What time do you serve dinner?	Në ç'orë hahet darka?

28 [twenty-eight]

In the hotel – Complaints

28 [njëzetetetë]

Në hotel – ankesat

The shower isn't working.	Dushi nuk funksionon.
There is no warm water.	S'del ujë i ngrohtë.
Can you get it repaired?	A mund ta rregulloni?
There is no telephone in the room.	S'ka telefon në dhomë.
There is no TV in the room.	S'ka televizor në dhomë.
The room has no balcony.	Dhoma s'ka ballkon.
The room is too noisy.	Dhoma është shumë e zhurmshme.
The room is too small.	Dhoma është shumë e vogël.
The room is too dark.	Dhoma është shumë e errët.
The heater isn't working.	Ngrohja nuk funksionon.
The air-conditioning isn't working.	Kondicioneri nuk funksionon.
The TV isn't working.	Televizori është i prishur.
I don't like that.	Nuk më pëlqen.
That's too expensive.	Është shumë i shtrenjtë.
Do you have anything cheaper?	A keni ndonjë gjë më të lirë?
Is there a youth hostel nearby?	A ka këtu afër ndonjë bujtinë për të rinjtë?
Is there a boarding house / a bed and breakfast nearby?	A ka këtu afër ndonjë hotel?
Is there a restaurant nearby?	A ka këtu afër ndonjë restorant?

29 [twenty-nine]

At the restaurant 1

29 [njëzetenëntë]

Në restorant 1

Is this table taken?	A është e zënë tavolina?
I would like the menu, please.	Menynë ju lutem.
What would you recommend?	Çfarë më këshilloni?
I'd like a beer.	Do të doja një birrë.
I'd like a mineral water.	Do të doja një ujë mineral.
I'd like an orange juice.	Do të doja një lëng portokalli.
I'd like a coffee.	Do të doja një kafe.
I'd like a coffee with milk.	Do të doja një kafe me qumësht.
With sugar, please.	Me sheqer, ju lutem.
I'd like a tea.	Dua një çaj.
I'd like a tea with lemon.	Dua një çaj me limon.
I'd like a tea with milk.	Dua një çaj me qumësht.
Do you have cigarettes?	A keni cigare?
Do you have an ashtray?	A keni një tavëll duhani?
Do you have a light?	A keni për të ndezur?
I'm missing a fork.	Më mungon një pirun.
I'm missing a knife.	Më mungon një thikë.
I'm missing a spoon.	Më mungon një lugë.

30 [thirty]

At the restaurant 2

30 [tridhjetë]

Në restorant 2

An apple juice, please.	Një lëng molle, ju lutem.
A lemonade, please.	Një limonatë, ju lutem.
A tomato juice, please.	Një lëng domatesh, ju lutem.
I'd like a glass of red wine.	Do të doja një gotë verë të kuqe.
I'd like a glass of white wine.	Do të doja një gotë verë të bardhë.
I'd like a bottle of champagne.	Do të doja një shishe shampanjë.
Do you like fish?	A të pëlqen peshku?
Do you like beef?	A të pëlqen mishi i lopës?
Do you like pork?	A të pëlqen mishi i derrit?
I'd like something without meat.	Dua diçka pa mish.
I'd like some mixed vegetables.	Dua një pjatancë me perime.
I'd like something that won't take much time.	Dua diçka që nuk zgjat shumë.
Would you like that with rice?	E doni me pilaf?
Would you like that with pasta?	E doni me makarona?
Would you like that with potatoes?	E doni me patate?
That doesn't taste good.	Nuk më shijon.
The food is cold.	Ushqimi është i ftohtë.
I didn't order this.	Nuk e kam porositur këtë.

31 [thirty-one]

At the restaurant 3

31 [tridhjetëenjë]

Në restorant 3

I would like a starter.	Dua një antipastë.
I would like a salad.	Dua një sallatë.
I would like a soup.	Dua një supë.

I would like a dessert.	Dua një ëmbëlsirë.
I would like an ice cream with whipped cream.	Dua një akullore me ajkë.
I would like some fruit or cheese.	Dua fruta ose djathë.

We would like to have breakfast.	Ne duam të hamë mëngjes.
We would like to have lunch.	Ne duam të hamë drekë.
We would like to have dinner.	Ne duam të hamë darkë.

What would you like for breakfast?	Çfarë doni për mëngjes?
Rolls with jam and honey?	Simite të vogla me marmalatë dhe mjaltë?
Toast with sausage and cheese?	Bukë të thekur me sallam dhe djathë?

A boiled egg?	Një vezë të zier?
A fried egg?	Një vezë të skuqur sy?
An omelette?	Një omëletë?

Another yoghurt, please.	Ju lutem edhe një kos.
Some salt and pepper also, please.	Ju lutem kripë dhe piper.
Another glass of water, please.	Ju lutem edhe një gotë ujë.

32 [thirty-two]

At the restaurant 4

32 [tridhjetëedy]

Në restorant 4

I'd like chips / French fries *(am.)* with ketchup.	Patate të skuqura me Ketchup.
And two with mayonnaise.	Dhe dy herë me majonezë.
And three sausages with mustard.	Dhe tre herë salçiçe me musardë.
What vegetables do you have?	Çfarë perimesh keni?
Do you have beans?	A keni fasule?
Do you have cauliflower?	A keni lulelakër?
I like to eat (sweet) corn.	Unë ha misër me qejf.
I like to eat cucumber.	Unë ha kastravec me qejf.
I like to eat tomatoes.	Unë ha domate me qejf.
Do you also like to eat leek?	Hani me qejf pras?
Do you also like to eat sauerkraut?	Hani me qejf lakër turshi?
Do you also like to eat lentils?	Hani me qejf thjerëza?
Do you also like to eat carrots?	A i ke qejf karrotat?
Do you also like to eat broccoli?	A ke qejf brokolit?
Do you also like to eat peppers?	A i ke qejf specat?
I don't like onions.	S'më pëlqejnë qepët.
I don't like olives.	S'më pëlqejnë ullinjtë.
I don't like mushrooms.	S'më pëlqejnë kërpudhat.

33 [thirty-three]

At the train station

33 [tridhjetëetre]

Në stacionin e trenit

When is the next train to Berlin?	Kur niset treni tjetër për Berlin?
When is the next train to Paris?	Kur niset treni tjetër për Paris?
When is the next train to London?	Kur niset treni tjetër për Londër?
When does the train for Warsaw leave?	Në ç'orë niset treni për Varshavë?
When does the train for Stockholm leave?	Në ç'orë niset treni për Stokholm?
When does the train for Budapest leave?	Në ç'orë niset treni për në Budapest?
I'd like a ticket to Madrid.	Dua një biletë për Madrid.
I'd like a ticket to Prague.	Dua një biletë për Pragë.
I'd like a ticket to Bern.	Dua një biletë për Bernë.
When does the train arrive in Vienna?	Kur arrin treni në Vjen?
When does the train arrive in Moscow?	Kur arrin treni në Moskë?
When does the train arrive in Amsterdam?	Kur arrin treni në Amsterdam?
Do I have to change trains?	A duhet të ndërroj tren?
From which platform does the train leave?	Në cilën platformë niset treni?
Does the train have sleepers?	A ka vagon gjumi në tren?
I'd like a one-way ticket to Brussels.	Dua vetëm vajtje për Bruksel.
I'd like a return ticket to Copenhagen.	Dua një biletë kthimi për në Kopenhagen.
What does a berth in the sleeper cost?	Sa kushton një vend në vagonin me shtretër?

34 [thirty-four]

On the train

34 [tridhjetëekatër]

Në tren

Is that the train to Berlin?	A është ky treni për Berlin?
When does the train leave?	Kur niset treni?
When does the train arrive in Berlin?	Kur arrin në Berlin?
Excuse me, may I pass?	Më falni, a mund të kaloj?
I think this is my seat.	Më duket se ky është vendi im.
I think you're sitting in my seat.	Më duket se ju jeni ulur në vendin tim.
Where is the sleeper?	Ku është vagoni me shtretër?
The sleeper is at the end of the train.	Vagoni me shtretër është në fund të trenit.
And where is the dining car? – At the front.	Ku është vagoni restorant? – Në fillim.
Can I sleep below?	A mund të fle poshtë?
Can I sleep in the middle?	A mund të fle në mes?
Can I sleep at the top?	A mund të fle lart?
When will we get to the border?	Kur arrijmë në kufi?
How long does the journey to Berlin take?	Sa zgjat udhëtimi për në Berlin?
Is the train delayed?	A është treni me vonesë?
Do you have something to read?	A keni ndonjë gjë për të lexuar?
Can one get something to eat and to drink here?	A mund të marrësh ndonjë gjë për të ngrënë dhe pirë këtu?
Could you please wake me up at 7 o'clock?	A mund të më zgjoni në orën 7.00?

35 [thirty-five]

At the airport

35 [tridhjetëepesë]

Në aeroport

I'd like to book a flight to Athens.
Is it a direct flight?
A window seat, non-smoking, please.

Dua të rezervoj një fluturim për Athinë.
A është një fluturim direkt?
Një vend afër dritares, ku s'pihet duhan.

I would like to confirm my reservation.
I would like to cancel my reservation.
I would like to change my reservation.

Dua të konfirmoj rezervimin.
Dua të anulloj rezervimin.
Dua të ndryshoj rezervimin.

When is the next flight to Rome?
Are there two seats available?
No, we have only one seat available.

Kur niset avioni tjetër për Romë?
A ka dhe dy vende bosh?
Jo, kemi vetëm një vend bosh.

When do we land?
When will we be there?
When does a bus go to the city centre / center (am.)?

Kur do të ulemi në tokë?
Kur arrijmë atje?
Kur niset autobusi në qendër?

Is that your suitcase?
Is that your bag?
Is that your luggage?

Valixhja juaj është kjo?
Çanta juaj është kjo?
Bagazhi juaj është ky?

How much luggage can I take?
Twenty kilos.
What? Only twenty kilos?

Sa bagazh mund të marr?
Njëzet kile.
Çfarë, vetëm njëzet kile?

36 [thirty-six]

Public transportation

36 [tridhjetëegjashtë]

Transporti lokal publik

Where is the bus stop?
Which bus goes to the city centre / center *(am.)*?
Which bus do I have to take?

Do I have to change?
Where do I have to change?
How much does a ticket cost?

How many stops are there before downtown / the city centre?
You have to get off here.
You have to get off at the back.

The next train is in 5 minutes.
The next tram is in 10 minutes.
The next bus is in 15 minutes.

When is the last train?
When is the last tram?
When is the last bus?

Do you have a ticket?
A ticket? – No, I don't have one.
Then you have to pay a fine.

Ku është stacioni i autobusit?
Cili autobus shkon në qendër?
Cilën linjë duhet të marr?

A më duhet të ndërroj autobus?
Ku duhet të ndërroj autobus?
Sa kushton një biletë?

Sa stacione janë deri në qendër?
Ju duhet të zbrisni këtu.
Ju duhet të zbrisni mbrapa.

Metroja tjetër vjen për 5 minuta.
Tramvaji tjetër vjen për 10 minuta.
Autobusi tjetër vjen për 15 minuta.

Kur niset metroja e fundit?
Kur niset tramvaji i fundit?
Kur niset autobusi i fundit?

A keni një biletë?
Biletë? – Jo, nuk kam.
Atëherë duhet të paguani gjobë.

37 [thirty-seven]

En route

37 [tridhjetëeshtatë]

Rrugës

He drives a motorbike.	Ai udhëton me motoçikletë.
He rides a bicycle.	Ai udhëton me biçikletë.
He walks.	Ai shkon në këmbë.
He goes by ship.	Ai udhëton me anije.
He goes by boat.	Ai udhëton me varkë.
He swims.	Ai noton.
Is it dangerous here?	A është e rrezikshme këtu?
Is it dangerous to hitchhike alone?	A është e rrezikshme të udhëtosh me auto-stop?
Is it dangerous to go for a walk at night?	A është e rrezikshme të shëtisësh natën?
We got lost.	Kemi ngatërruar rrugën.
We're on the wrong road.	Jemi në rrugë të gabuar.
We must turn around.	Duhet të kthehemi.
Where can one park here?	Ku mund të parkojmë këtu?
Is there a parking lot here?	A ka vend parkimi këtu?
How long can one park here?	Sa kohë mund të parkojmë këtu?
Do you ski?	A bëni ski?
Do you take the ski lift to the top?	A do të ngjiteni lart me ashensorin?
Can one rent skis here?	A mund të marrësh ketu hua slita për ski?

38 [thirty-eight]

In the taxi

38 [tridhjetëetetë]

Në taksi

Please call a taxi.	Thirrni ju lutem një taksi.
What does it cost to go to the station?	Sa kushton deri te stacioni i trenit?
What does it cost to go to the airport?	Sa kushton deri në aeroport?
Please go straight ahead.	Drejt ju lutem.
Please turn right here.	Djathtas ju lutem.
Please turn left at the corner.	Te cepi atje majtas ju lutem.
I'm in a hurry.	E kam me nxitim.
I have time.	Kam kohë.
Please drive slowly.	Ecni më ngadalë ju lutem.
Please stop here.	Ndaloni këtu ju lutem.
Please wait a moment.	Prisni një moment ju lutem.
I'll be back immediately.	Ja erdha.
Please give me a receipt.	Llogarinë ju lutem.
I have no change.	S'kam lekë të vogla.
That is okay, please keep the change.	Në rregull, kusurin mbajeni.
Drive me to this address.	Më çoni te kjo adresë.
Drive me to my hotel.	Më çoni në hotelin tim.
Drive me to the beach.	Më çoni në plazh.

39 [thirty-nine]

Car breakdown

39 [tridhjetëenëntë]

Avari makine

Where is the next gas station?	Ku është pika tjetër e karburantit?
I have a flat tyre / tire *(am.)*.	Më është shfryrë goma.
Can you change the tyre / tire *(am.)*?	A mund të ma ndërroni rrotën?
I need a few litres /liters *(am.)* of diesel.	Kam nevojë për disa litra naftë.
I have no more petrol / gas *(am.)*.	S'kam më benzinë.
Do you have a petrol can / jerry can / gas can *(am.)*?	Mos keni ndonjë bidon rezervë?
Where can I make a call?	Ku mund të marr në telefon?
I need a towing service.	Më duhet një shërbim karrotreci.
I'm looking for a garage.	Po kërkoj një ofiçinë.
An accident has occurred.	Ndodhi një aksident.
Where is the nearest telephone?	Ku është telefoni më i afërt?
Do you have a mobile / cell phone *(am.)* with you?	A keni një celular me vete?
We need help.	Kemi nevojë për ndihmë.
Call a doctor!	Thërrisni një mjek!
Call the police!	Thërrisni policinë!
Your papers, please.	Dokumentat ju lutem.
Your licence / license *(am.)*, please.	Patentën, ju lutem.
Your registration, please.	Dëshminë e automjetit, ju lutem.

40 [forty]

Asking for directions

40 [dyzet]

Pyes për rrugën

Excuse me!	Më falni!
Can you help me?	A mund të më ndihmoni?
Is there a good restaurant around here?	Ku ndodhet ndonjë restorant i mirë këtu?
Take a left at the corner.	Ecni majtas, në qoshe.
Then go straight for a while.	Ecni pastaj pak drejt.
Then go right for a hundred metres / meters *(am.)*.	Ecni pastaj 100 metra djathtas.
You can also take the bus.	Mund të merrni dhe autobusin.
You can also take the tram.	Mund të merrni dhe tramvajin.
You can also follow me with your car.	Mund të udhëtoni dhe mbrapa meje.
How do I get to the football / soccer *(am.)* stadium?	Si mund të shkoj në stadium?
Cross the bridge!	Kaloni urën!
Go through the tunnel!	Kaloni tunelin!
Drive until you reach the third traffic light.	Udhëtoni deri te semafori i tretë.
Then turn into the first street on your right.	Kthehuni pastaj në rrugën e parë djathtas.
Then drive straight through the next intersection.	Udhëtoni pastaj drejt deri te kryqëzimi tjetër.
Excuse me, how do I get to the airport?	Më falni, si mund të shkoj në aeroport?
It is best if you take the underground / subway *(am.)*.	Më mirë merrni metronë.
Simply get out at the last stop.	Udhëtoni deri te stacioni i fundit.

41 [forty-one]

Where is … ?

41 [dyzetenjë]

Orientimi

Where is the tourist information office?	Ku është zyra e turizmit?
Do you have a city map for me?	A keni një plan qyteti për mua?
Can one reserve a room here?	A mund të rezervohet një dhomë hoteli këtu?
Where is the old city?	Ku është qyteti i vjetër?
Where is the cathedral?	Ku është katedralja?
Where is the museum?	Ku është muzeu?
Where can one buy stamps?	Ku ka pulla për të blerë?
Where can one buy flowers?	Ku ka lule për të blerë?
Where can one buy tickets?	Ku ka bileta për të blerë?
Where is the harbour / harbor *(am.)*?	Ku është porti?
Where is the market?	Ku është pazari?
Where is the castle?	Ku është kështjella?
When does the tour begin?	Kur fillon vizita me cicëron?
When does the tour end?	Kur mbaron vizita me cicëron?
How long is the tour?	Sa zgjat vizita me cicëron?
I would like a guide who speaks German.	Dua një cicëron që flet gjermanisht.
I would like a guide who speaks Italian.	Dua një cicëron që flet italisht.
I would like a guide who speaks French.	Dua një cicëron që flet frëngjisht.

42 [forty-two]

City tour

42 [dyzetëedy]

Vizitë në qytet

Is the market open on Sundays?	A është i hapur pazari të dielave?
Is the fair open on Mondays?	A është i hapur panairi të hënave?
Is the exhibition open on Tuesdays?	A është e hapur ekspozita të martave?
Is the zoo open on Wednesdays?	A është i hapur kopshti zoologjik të mërkurrave?
Is the museum open on Thursdays?	A është i hapur muzeu të enjteve?
Is the gallery open on Fridays?	A është e hapur galeria të premteve?
Can one take photographs?	A mund të bëj fotografi?
Does one have to pay an entrance fee?	A duhet të paguaj hyrje?
How much is the entrance fee?	Sa kushton hyrja?
Is there a discount for groups?	A ka ulje çmimi për grupe?
Is there a discount for children?	A ka ulje çmimi për fëmijë?
Is there a discount for students?	A ka ulje çmimi për studentë?
What building is that?	Çfarë ndërtese është kjo?
How old is the building?	Sa e vjeter eshte ndërtesa?
Who built the building?	Kush e ka ndërtuar ndërtesën?
I'm interested in architecture.	Unë interesohem për arkitekturën.
I'm interested in art.	Unë interesohem për artin.
I'm interested in paintings.	Unë interesohem për pikturën.

43 [forty-three]

At the zoo

43 [dyzetëetre]

Në kopshtin zoologjik

The zoo is there.	Atje është kopshti zoologjik.
The giraffes are there.	Atje janë xhirafat.
Where are the bears?	Ku janë arinjtë?
Where are the elephants?	Ku janë elefantët?
Where are the snakes?	Ku janë gjarpërinjtë?
Where are the lions?	Ku janë luanët?
I have a camera.	Kam një aparat fotografik.
I also have a video camera.	Kam dhe një kamer filmike.
Where can I find a battery?	Ku ka një bateri?
Where are the penguins?	Ku janë pinguinët?
Where are the kangaroos?	Ku janë kangurët?
Where are the rhinos?	Ku janë rinoceronët?
Where is the toilet / restroom *(am.)*?	Ku është tualeti?
There is a café over there.	Atje është një kafe.
There is a restaurant over there.	Atje është një restorant.
Where are the camels?	Ku janë devetë?
Where are the gorillas and the zebras?	Ku janë gorillat dhe zebrat?
Where are the tigers and the crocodiles?	Ku janë tigrat dhe krokodilët?

44 [forty-four]

Going out in the evening

44 [dyzetëekatër]

Të dalësh mbëmjeve

Is there a disco here?	A ka këtu ndonjë diskotekë?
Is there a nightclub here?	A ka këtu ndonjë klub nate?
Is there a pub here?	A ka këtu ndonjë bar?
What's playing at the theatre / theater *(am.)* this evening?	Çfarë shfaqet sot në mbrëmje në teatër?
What's playing at the cinema / movies *(am.)* this evening?	Çfarë shfaqet sot në mbrëmje në kinema?
What's on TV this evening?	Çfarë shfaqet sot në mbrëmje në televizor?
Are tickets for the theatre / theater *(am.)* still available?	A ka më bileta për teatër?
Are tickets for the cinema / movies *(am.)* still available?	A ka më bileta për kinema?
Are tickets for the football / soccer *am.* game still available?	A ka më bileta për ndeshjen e futbollit?
I want to sit in the back.	Dua të ulem në fund.
I want to sit somewhere in the middle.	Dua të ulem diku në mes.
I want to sit at the front.	Dua të ulem në fillim.
Could you recommend something?	A mund të më rekomandoni diçka?
When does the show begin?	Kur fillon shfaqja?
Can you get me a ticket?	A mund të më gjeni një biletë?
Is there a golf course nearby?	A ka ndonjë fushë golfi këtu afër?
Is there a tennis court nearby?	A ka këtu afër ndonjë fushë tenisi?
Is there an indoor swimming pool nearby?	A ka këtu afër ndonjë pishinë të mbyllur?

45 [forty-five]

At the cinema

45 [dyzetëepesë]

Në kinema

We want to go to the cinema.	Duam të shkojmë në kinema.
A good film is playing today.	Sot shfaqet një film i bukur.
The film is brand new.	Filmi është krejt i ri.
Where is the cash register?	Ku është arka?
Are seats still available?	A ka vende të lira?
How much are the admission tickets?	Sa kushtojnë biletat për tu futur brenda?
When does the show begin?	Kur fillon shfaqja?
How long is the film?	Sa zgjat filmi?
Can one reserve tickets?	A mund të rezervohen biletat?
I want to sit at the back.	Dua të ulem mbrapa.
I want to sit at the front.	Dua të ulem para.
I want to sit in the middle.	Dua të ulem në mes.
The film was exciting.	Filmi ishte tërheqës.
The film was not boring.	Filmi s'ishte i mërzitshëm.
But the book on which the film was based was better.	Por libri mbi filmin ishte më i mirë.
How was the music?	Si tu duk muzika?
How were the actors?	Si ishin aktorët?
Were there English subtitles?	A kishte titra në anglisht?

46 [forty-six]

In the discotheque

46 [dyzetëegjashtë]

Në diskotekë

Is this seat taken?	A është i zënë vendi këtu?
May I sit with you?	A mund të ulem afër jush?
Sure.	Me kënaqësi.
How do you like the music?	Si ju duket muzika?
A little too loud.	Pak e lartë.
But the band plays very well.	Por grupi i bie mjaft mirë.
Do you come here often?	A vini shpesh këtu?
No, this is the first time.	Jo, kjo është hera e parë.
I've never been here before.	S'kam qenë asnjëherë këtu.
Would you like to dance?	A kërceni?
Maybe later.	Më vonë ndoshta.
I can't dance very well.	S'kërcej aq mirë.
It's very easy.	Është shumë e thjeshtë.
I'll show you.	Po jua tregoj.
No, maybe some other time.	Jo, më mirë një herë tjetër.
Are you waiting for someone?	A po prisni njeri?
Yes, for my boyfriend.	Po, një shok.
There he is!	Ja ku po vjen!

47 [forty-seven]

Preparing a trip

47 [dyzetëeshtatë]

Përgatitjet për udhëtim

You have to pack our suitcase!	Ti duhet të bësh gati valixhen tonë!
Don't forget anything!	S'duhet të harrosh asgjë!
You need a big suitcase!	Të duhet një valixhe e madhe!
Don't forget your passport!	Mos harro pashaportën!
Don't forget your ticket!	Mos harro biletën e fluturimit!
Don't forget your traveller's cheques / traveler's checks (am.)!	Mos harro çeqet e udhëtimit!
Take some suntan lotion with you.	Merr kremin kundra-diellit me vete.
Take the sun-glasses with you.	Merr syzet e diellit me vete.
Take the sun hat with you.	Merr kapelen me vete.
Do you want to take a road map?	A do ta marrësh një hartë rruge me vete?
Do you want to take a travel guide?	A do ta marrësh një guidë me vete?
Do you want to take an umbrella?	A do ta marrësh një çadër me vete?
Remember to take pants, shirts and socks.	Mos harro pantallonat, këmishat, çorapet.
Remember to take ties, belts and sports jackets.	Mos harro kravatat, rripat, xhaketat.
Remember to take pyjamas, nightgowns and t-shirts.	Mos harro pizhamat, këmishat e natës dhe bluzat.
You need shoes, sandals and boots.	Të duhen këpucë, sandale dhe çizme.
You need handkerchiefs, soap and a nail clipper.	Të duhen shami hundësh, sapun dhe një gërshërë thonjsh.
You need a comb, a toothbrush and toothpaste.	Të duhet një krëhër, një furçe dhëmbësh dhe një pastë dhëmbësh.

48 [forty-eight]

Vacation activities

48 [dyzetëetetë]

Aktivitete në pushime

Is the beach clean?	A është i pastër plazhi?
Can one swim there?	A mund të bëhet banjo atje?
Isn't it dangerous to swim there?	A s' është e rrezikshme të bësh banjo atje?
Can one rent a sun umbrella / parasol here?	A mund të marr me qira një çadër plazhi?
Can one rent a deck chair here?	A mund të marr me qira një shezllong?
Can one rent a boat here?	A mund të marr me qira një varkë?
I would like to surf.	Do të kisha qejf të sërfoja.
I would like to dive.	Do të kisha qejf të zhytesha.
I would like to water ski.	Do të kisha qejf të bëja ski mbi ujë.
Can one rent a surfboard?	Ku mund të marr me qira një dërrasë sërfi?
Can one rent diving equipment?	Ku mund të marr me qira pajisje zhytjeje?
Can one rent water skis?	Ku mund t'i marrësh me qira slitat për ski mbi ujë?
I'm only a beginner.	Jam fillestar.
I'm moderately good.	Jam mesatarisht i mirë.
I'm pretty good at it.	Di të orientohem.
Where is the ski lift?	Ku është ashensori për ngjitje?
Do you have skis?	A i ke me vete slitat për ski?
Do you have ski boots?	A i ke me vete këpucët për ski?

49 [forty-nine]

Sports

49 [dyzetëenëntë]

Sport

Do you exercise?	A merresh me sport?
Yes, I need some exercise.	Po, duhet të lëviz.
I am a member of a sports club.	Unë shkoj në një klub sportiv.

We play football / soccer *(am.)*. — Ne luajmë futboll.
We swim sometimes. — Ndonjëherë notojmë.
Or we cycle. — Ose ecim me biçikletë.

There is a football / soccer *(am.)* stadium in our city. — Në qytetin tonë ndodhet një stadium futbolli.
There is also a swimming pool with a sauna. — Ndodhet dhe një pishinë me sauna.
And there is a golf course. — Ndodhet dhe një shesh golfi.

What is on TV? — Çfarë shfaqet në televizor?
There is a football / soccer *(am.)* match on now. — Tani po luhet një ndeshje futbolli.
The German team is playing against the English one. — Skuadra gjermane po luan kundër asaj angleze.

Who is winning? — Kush fiton?
I have no idea. — S'e kam idenë.
It is currently a tie. — Për momentin janë barazim.

The referee is from Belgium. — Arbitri vjen nga Belgjika.
Now there is a penalty. — Tani ka një 11 (njëmbëdhjetë) metërsh.
Goal! One – zero! — Gol! 1 (një) me 0 (zero)!

50 [fifty]

In the swimming pool

50 [pesëdhjetë]

Në pishinë

It is hot today.	Sot është nxehtë.
Shall we go to the swimming pool?	A shkojmë në pishinë?
Do you feel like swimming?	A ke qejf të shkojmë të notojmë?
Do you have a towel?	A ke një peshqir?
Do you have swimming trunks?	A ke rroba banje?
Do you have a bathing suit?	A ke kostum banje?
Can you swim?	A di të notosh?
Can you dive?	A di të zhytesh?
Can you jump in the water?	A di të hidhesh në ujë?
Where is the shower?	Ku është dushi?
Where is the changing room?	Ku është kabina e zhveshjes?
Where are the swimming goggles?	Ku janë syzet e notit?
Is the water deep?	A është i thellë uji?
Is the water clean?	A është i pastër uji?
Is the water warm?	A është i ngrohtë uji?
I am freezing.	Po ngrij.
The water is too cold.	Uji është shumë i ftohtë.
I am getting out of the water now.	Po dal nga uji.

51 [fifty-one]

Running errands

51 [pesëdhjetëenjë]

Bëj pazarin

I want to go to the library.	Dua të shkoj në bibliotekë.
I want to go to the bookstore.	Dua të shkoj në librari.
I want to go to the newspaper stand.	Dua të shkoj te kioska.
I want to borrow a book.	Dua të marr hua një libër.
I want to buy a book.	Dua të blej një libër.
I want to buy a newspaper.	Dua të blej një gazetë.
I want to go to the library to borrow a book.	Dua të shkoj në bibliotekë të marr një libër.
I want to go to the bookstore to buy a book.	Dua të shkoj në librari të blej një libër.
I want to go to the kiosk / newspaper stand to buy a newspaper.	Dua të shkoj te kioska për të blerë një gazetë.
I want to go to the optician.	Dua të shkoj te okulisti.
I want to go to the supermarket.	Dua të shkoj në supermarket.
I want to go to the bakery.	Dua të shkoj te furra e bukës.
I want to buy some glasses.	Dua të blej syze.
I want to buy fruit and vegetables.	Dua të blej fruta dhe perime.
I want to buy rolls and bread.	Dua të blej simite dhe bukë.
I want to go to the optician to buy glasses.	Dua të shkoj te okulisti për të blerë syze.
I want to go to the supermarket to buy fruit and vegetables.	Dua të shkoj në supermarket për të blerë fruta dhe perime.
I want to go to the baker to buy rolls and bread.	Dua të shkoj te furra e bukës për të blerë simite dhe bukë.

52 [fifty-two]

In the department store

52 [pesëdhjetëedy]

Në qendrën tregtare

Shall we go to the department store?	A shkojmë në një qendër tregtare?
I have to go shopping.	Dua të bëj pazar.
I want to do a lot of shopping.	Dua të blej shumë gjëra.
Where are the office supplies?	Ku janë artikujt e zyrave?
I need envelopes and stationery.	Më duhen zarfe dhe letra.
I need pens and markers.	Më duhen stilolapsa dhe lapsa kimikë me ngjyra.
Where is the furniture?	Ku janë mobiljet?
I need a cupboard and a chest of drawers.	Më duhet një dollap dhe një komo.
I need a desk and a bookshelf.	Më duhet një tavolinë shkrimi dhe një raft.
Where are the toys?	Ku janë lodrat?
I need a doll and a teddy bear.	Më duhet një kukull dhe një arush.
I need a football and a chess board.	Më duhet një top dhe një lojë shahu.
Where are the tools?	Ku është vegla e punës?
I need a hammer and a pair of pliers.	Më duhet një çekiç dhe një pincë.
I need a drill and a screwdriver.	Më duhet një trapano dhe një kaçavidë.
Where is the jewellery / jewelry (am.) department?	Ku janë bizhuteritë?
I need a chain and a bracelet.	Më duhet një zinxhir dhe një byzylyk.
I need a ring and earrings.	Më duhet një unazë dhe një palë vëthë.

53 [fifty-three]

Shops

53 [pesëdhjetëetre]

Dyqane

We're looking for a sports shop.	Po kërkojmë një dyqan sportiv.
We're looking for a butcher shop.	Po kërkojmë një dyqan mishi.
We're looking for a pharmacy / drugstore (am.).	Po kërkojmë një farmaci.
We want to buy a football.	Ne duam të blejmë një top.
We want to buy salami.	Duam të blejmë sallam.
We want to buy medicine.	Duam të blejmë ilaçe.
We're looking for a sports shop to buy a football.	Ne kërkojmë një dyqan sportiv për të blerë një top futbolli.
We're looking for a butcher shop to buy salami.	Ne kërkojmë një dyqan mishi për të blerë sallam.
We're looking for a drugstore to buy medicine.	Ne kërkojmë një farmaci për të blerë ilaçe.
I'm looking for a jeweller / jeweler (am.).	Ne kërkojmë një dyqan argjendarie.
I'm looking for a photo equipment store.	Ne kërkojmë një fotograf.
I'm looking for a confectionery.	Ne kërkojmë një ëmbëltore.
I actually plan to buy a ring.	Kam ndërmend të blej një unazë.
I actually plan to buy a roll of film.	Kam ndërmend të blej një film.
I actually plan to buy a cake.	Kam ndërmend të blej një tortë.
I'm looking for a jeweler to buy a ring.	Kërkoj një argjendari, për të blerë një unazë.
I'm looking for a photo shop to buy a roll of film.	Kërkoj një fotograf, për të blerë një film.
I'm looking for a confectionery to buy a cake.	Kërkoj një ëmbëltore, për të blerë një tortë.

54 [fifty-four]

Shopping

54 [pesëdhjetëekatër]

Bëj pazar

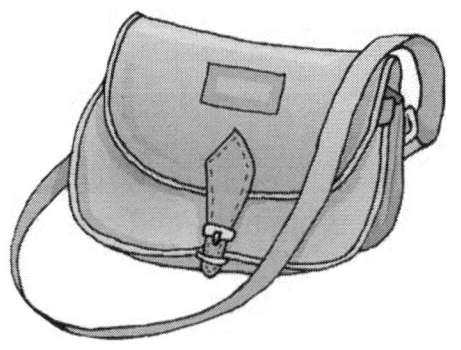

I want to buy a present.	Dua të blej një dhuratë.
But nothing too expensive.	Por jo shumë të shtrenjtë.
Maybe a handbag?	Ndoshta një çantë dore?
Which color would you like?	Çfarë ngjyre dëshironi?
Black, brown or white?	Të zezë, kafe apo të bardhë?
A large one or a small one?	Të madhe apo të vogël?
May I see this one, please?	A mund ta shikoj këtë?
Is it made of leather?	A është lëkurë ?
Or is it made of plastic?	Apo është sintetike?
Of leather, of course.	Lëkurë natyrisht.
This is very good quality.	Kjo është një cilësi goxha e mirë.
And the bag is really very reasonable.	Çanta është me të vërtetë me leverdi.
I like it.	Më pëlqen.
I'll take it.	Po e marr.
Can I exchange it if needed?	A mund ta ndërroj?
Of coursc.	Sigurisht.
We'll gift wrap it.	Po ua paketojmë si dhuratë.
The cashier is over there.	Atje është arka.

55 [fifty-five]

Working

55 [pesëdhjetëepesë]

Punoj

What do you do for a living?	Çfarë profesioni keni?
My husband is a doctor.	Burri im është mjek.
I work as a nurse part-time.	Unë punoj gjysmë dite si infermiere.
We will soon receive our pension.	Së shpejti do të marrim pensionin.
But taxes are high.	Por taksat janë të larta.
And health insurance is expensive.	Sigurimi shëndetësor është i lartë.
What would you like to become some day?	Çfarë do të bëhesh?
I would like to become an engineer.	Dua të bëhem inxhinier.
I want to go to college.	Dua të studioj në universitet.
I am an intern.	Jam praktikant.
I do not earn much.	Nuk fitoj shumë.
I am doing an internship abroad.	Po bëj një praktikë jashtë shtetit.
That is my boss.	Ky është shefi im.
I have nice colleagues.	Kam kolegë të mirë.
We always go to the cafeteria at noon.	Drekave shkojmë gjithmonë në mencë.
I am looking for a job.	Po kërkoj një vend pune.
I have already been unemployed for a year.	Që prej një viti jam pa punë.
There are too many unemployed people in this country.	Në këtë vend ka shumë të papunë.

56 [fifty-six]

Feelings

56 [pesëdhjetëegjashtë]

Ndjenjat

to feel like / want to	Kam qejf
We feel like / want to.	Ne kemi qejf.
We don't feel like / want to.	S'kemi qejf.
to be afraid	Të kesh frikë
I'm afraid.	Kam frikë.
I am not afraid.	Nuk kam frikë.
to have time	Të kesh kohë.
He has time.	Ai ka kohë.
He has no time.	Ai s'ka kohë.
to be bored	Të jesh i mërzitur
She is bored.	Ajo është e mërzitur.
She is not bored.	Ajo nuk është e mërzitur.
to be hungry	Të kesh uri.
Are you hungry?	A kenl uri?
Aren't you hungry?	Nuk keni uri?
to be thirsty	Kam etje.
They are thirsty.	Ju keni etje.
They are not thirsty.	Ju nuk keni etje.

57 [fifty-seven]

At the doctor

57 [pesëdhjetëeshtatë]

Te mjeku

I have a doctor's appointment.	Kam takim te mjeku.
I have the appointment at ten o'clock.	Kam një takim në orën dhjetë.
What is your name?	Si e keni emrin?
Please take a seat in the waiting room.	Zini vend në dhomën e pritjes ju lutem.
The doctor is on his way.	Mjeku vjen tani.
What insurance company do you belong to?	Ku jeni i siguruar?
What can I do for you?	Çfarë mund të bëj për ju?
Do you have any pain?	A keni dhimbje?
Where does it hurt?	Ku ju dhemb?
I always have back pain.	Kam gjithmonë dhimbje kurrizi.
I often have headaches.	Kam shpesh dhimbje koke.
I sometimes have stomach aches.	Ndonjë herë kam dhimbje barku.
Remove your top!	Zbuloni pjesën e sipërme të trupit ju lutem!
Lie down on the examining table.	Shtrihuni në krevat ju lutem!
Your blood pressure is okay.	Tensioni i gjakut është në rregull.
I will give you an injection.	Po ju jap një gjilpërë.
I will give you some pills.	Po ju jap tableta.
I am giving you a prescription for the pharmacy.	Po ju jap një recetë për në farmaci.

58 [fifty-eight]

Parts of the body

58 [pesëdhjetëetetë]

Pjesët e trupit

I am drawing a man.
First the head.
The man is wearing a hat.

One cannot see the hair.
One cannot see the ears either.
One cannot see his back either.

I am drawing the eyes and the mouth.
The man is dancing and laughing.
The man has a long nose.

He is carrying a cane in his hands.
He is also wearing a scarf around his neck.
It is winter and it is cold.

The arms are athletic.
The legs are also athletic.
The man is made of snow.

He is neither wearing pants nor a coat.
But the man is not freezing.
He is a snowman.

Po vizatoj një burrë.
Në fillim kokën.
Burri mban një kapele.

Nuk i duken flokët.
Nuk i duken edhe veshët.
Edhe kurrizi nuk i duket.

Unë po i vizatoj sytë dhe gojën.
Burri kërcen dhe qesh.
Burri ka një hundë të gjatë.

Ai mban një shkop në duar.
Ai mban dhe një shall në qafë.
Është dimër dhe ftohtë.

Krahët i ka të fuqishëm.
Edhe këmbët i ka të fuqishme.
Burri është prej bore.

Ai nuk ka veshur pantallona dhe pallto.
Por burri nuk ka ftohtë.
Ai është një njeri prej bore.

59 [fifty-nine]

At the post office

59 [pesëdhjetëenëntë]

Në zyrën e postës

Where is the nearest post office?
Is the post office far from here?
Where is the nearest mail box?

Ku është zyra më e afërt postare?
A është larg deri te zyra më e afërt postare?
Ku është kutia më e afërt postare?

I need a couple of stamps.
For a card and a letter.
How much is the postage to America?

Më duhen disa pulla.
Për një kartolinë dhe një letër.
Sa është tarifa postare për në Amerikë?

How heavy is the package?
Can I send it by air mail?
How long will it take to get there?

Sa peshon paketa?
A mund ta dërgoj me postë ajrore?
Sa zgjat deri sa të arrijë?

Where can I make a call?
Where is the nearest telephone booth?
Do you have calling cards?

Ku mund të marr në telefon?
Ku është kabina më e afërt telefonike?
A keni karta telefoni?

Do you have a telephone directory?
Do you know the area code for Austria?
One moment, I'll look it up.

A keni një numerator telefonik?
A e dini prefiksin e Austrisë?
Një moment, po e shikoj.

The line is always busy.
Which number did you dial?
You have to dial a zero first!

Linja është gjithmonë e zënë.
Cilit numër i keni rënë?
Duhet ti bini në fillim zeros.

60 [sixty]

At the bank

60 [gjashtëdhjetë]

Në bankë

I would like to open an account.	Dua të hap një llogari bankare.
Here is my passport.	Urdhëroni pashaportën time.
And here is my address.	Kjo është adresa ime.
I want to deposit money in my account.	Dua të depozitoj lekë në llogarinë time.
I want to withdraw money from my account.	Dua të tërheq lekë nga llogaria ime.
I want to pick up the bank statements.	Dua të marr kopjet e llogarisë.
I want to cash a traveller's cheque / traveler's check *(am.)*.	Dua të thyej një çek udhëtimi.
What are the fees?	Sa të larta janë tarifat?
Where should I sign?	Ku të firmos?
I'm expecting a transfer from Germany.	Po pres një transfertë nga Gjermania.
Here is my account number.	Urdhëroni numrin e llogarisë.
Has the money arrived?	A kane mbërritur lekët?
I want to change money.	Dua të thyej këto lekë.
I need US-Dollars.	Më duhen dollarë amerikan.
Could you please give me small notes / bills *(am.)*?	Më jepni lekë të vogla, ju lutem.
Is there a cashpoint / an ATM *(am.)*?	A ka këtu ndonjë bankomat?
How much money can one withdraw?	Sa lekë mund të tërheqësh?
Which credit cards can one use?	Çfarë kartash krediti mund të përdorësh?

61 [sixty-one]

Ordinal numbers

61 [gjashtëdhjetëenjë]

Numra rreshtorë

The first month is January.
The second month is February.
The third month is March.

The fourth month is April.
The fifth month is May.
The sixth month is June.

Six months make half a year.
January, February, March,
April, May and June.

The seventh month is July.
The eighth month is August.
The ninth month is September.

The tenth month is October.
The eleventh month is November.
The twelfth month is December.

Twelve months make a year.
July, August, September,
October, November and December.

Muaji i parë është janari.
Muaji i dytë është shkurti.
Muaji i tretë është marsi.

Muaji i katërt është prilli.
Muaji i pestë është mai.
Muaji i gjashtë është qershori.

Gjashtë muaj janë një gjysmë viti.
janar,shkurt,mars,
prill,maj dhe qershor.

Muaji i shtatë është korriku.
Muaji i tetë është gushti.
Muaji i nëntë është shtatori.

Muaji i dhjetë është tetori.
Muaji i njëmbëdhjetë është nëntori.
Muaji i dymbëdhjetë është dhjetori.

Dymbëdhjetë muaj janë një vit.
korrik,gusht,shtator,
tetor,nëntor dhe dhjetor.

62 [sixty-two]

Asking questions 1

62 [gjashtëdhjetëedy]

Bëj pyetje 1

to learn
Do the students learn a lot?
No, they learn a little.

mësoj
A mësojnë shumë nxënësit?
Jo, mësojnë pak.

to ask
Do you often ask the teacher questions?
No, I don't ask him questions often.

pyes
A e pyesni shpesh mësuesin?
Jo, nuk e pyes shpesh.

to reply
Please reply.
I reply.

përgjigjem
Përgjigjuni, ju lutem.
Unë përgjigjem.

to work
Is he working right now?
Yes, he is working right now.

punoj
A po punon ai tani?
Po, ai po punon.

to come
Are you coming?
Yes, we are coming soon.

vij
A vini?
Po, po vijmë tani.

to live
Do you live in Berlin?
Yes, I live in Berlin.

banoj
A banoni në Berlin?
Po, unë banoj në Berlin.

63 [sixty-three]

Asking questions 2

63 [gjashtëdhjetëetre]

Bëj pyetje 2

I have a hobby.	Kam një hobby.
I play tennis.	Unë luaj tenis.
Where is the tennis court?	Ku ka një fushë tenisi?
Do you have a hobby?	A ke ndonjë hobby?
I play football / soccer *(am.)*.	Unë luaj futboll.
Where is the football / soccer *(am.)* field?	Ku ka një fushë futbolli?
My arm hurts.	Më dhemb krahu.
My foot and hand also hurt.	Më dhemb këmba dhe dora.
Is there a doctor?	Ku ka një doktor?
I have a car/automobile.	Unë kam një makinë.
I also have a motorcycle.	Unë kam edhe një motorr.
Where could I park?	Ku ka një vend parkimi?
I have a sweater.	Unë kam një pulovër.
I also have a jacket and a pair of jeans.	Unë kam edhe një xhaketë dhe një palë xhinse.
Where is the washing machine?	Ku është lavatriçja?
I have a plate.	Unë kam një pjatë.
I have a knife, a fork and a spoon.	Unë kam një thikë, një pirun dhe një lugë.
Where is the salt and pepper?	Ku janë kripa dhe piperi?

64 [sixty-four]

Negation 1

64 [gjashtëdhjetëekatër]

Mohore 1

I don't understand the word.	Nuk e kuptoj fjalën.
I don't understand the sentence.	Nuk e kuptoj fjalinë.
I don't understand the meaning.	Nuk e kuptoj kuptimin.
the teacher	mësuesi
Do you understand the teacher?	A e kuptoni mësuesin?
Yes, I understand him well.	Po, e kuptoj mirë.
the teacher	mësuesja
Do you understand the teacher?	A e kuptoni mësuesen?
Yes, I understand her well.	Po, e kuptoj mirë.
the people	njerëzit
Do you understand the people?	A i kuptoni njerëzit?
No, I don't understand them so well.	Jo, nuk i kuptoj dhe aq mirë.
the girlfriend	shoqja
Do you have a girlfriend?	A ke shoqe?
Yes, I do.	Po, kam.
the daughter	e bija / vajza
Do you have a daughter?	A keni vajzë?
No, I don't.	Jo, s' kam.

65 [sixty-five]

Negation 2

65 [gjashtëdhjetëepesë]

Mohore 2

Is the ring expensive?
No, it costs only one hundred Euros.
But I have only fifty.

A është e shtrenjtë unaza?
Jo, kushton vetëm njëqind euro.
Por unë kam vetëm pesëdhjetë.

Are you finished?
No, not yet.
But I'll be finished soon.

A je gati?
Jo, akoma jo.
Por do të jem gati tani shpejt.

Do you want some more soup?
No, I don't want anymore.
But another ice cream.

A do përsëri supë?
Jo, nuk dua më.
Por një akullore.

Have you lived here long?
No, only for a month.
But I already know a lot of people.

A keni shumë që banoni këtu?
Jo, vetëm një muaj.
Por njoh shumë njerëz tashmë.

Are you driving home tomorrow?
No, only on the weekend.
But I will be back on Sunday.

A do të nisesh për në shtëpi nesër?
Jo, në fundjavë.
Por do të kthehem të dielën.

Is your daughter an adult?
No, she is only seventeen.
But she already has a boyfriend.

A të është rritur vajza?
Jo, është vetëm shtatëmbëdhjetë vjeç.
Por ka tashmë një shok.

66 [sixty-six]

Possessive pronouns 1

66 [gjashtëdhjetëegjashtë]

Përemrat pronor 1

I – my
I can't find my key.
I can't find my ticket.

you – your
Have you found your key?
Have you found your ticket?

he – his
Do you know where his key is?
Do you know where his ticket is?

she – her
Her money is gone.
And her credit card is also gone.

we – our
Our grandfather is ill.
Our grandmother is healthy.

you – your
Children, where is your father?
Children, where is your mother?

unë – i imi
Nuk po e gjej çelsin tim.
Nuk po e gjej biletën time.

ti – i yti
A ke gjetur çelsin tënd?
A ke gjetur biletën tënde?

ai – i tij
A e di, ku është çelësi i tij?
A e di, ku është bileta e tij?

ajo – i saj
Lekët e saj kanë humbur.
Edhe karta e saj e kreditit ka humbur.

ne – i yni
Gjyshi ynë është sëmurë.
Gjyshja jonë është mirë.

ju – i juaji
Fëmijë, ku është babi juaj?
Fëmijë, ku është mami juaj?

67 [sixty-seven]

Possessive pronouns 2

67 [gjashtëdhjetëeshtatë]

Përemrat pronor 2

the glasses	syzet
He has forgotten his glasses.	Ka harruar syzet e tij.
Where has he left his glasses?	Ku i ka ai syzet e tij ?
the clock	ora
His clock isn't working.	Ora e tij është e prishur.
The clock hangs on the wall.	Ora është në mur.
the passport	pashaporta
He has lost his passport.	Ai e ka humbur pashaportën e tij.
Where is his passport then?	Ku e ka pashaportën ai?
they – their	ata,ato – i/e tyre
The children cannot find their parents.	Fëmijët nuk po i gjejnë prindërit e tyre.
Here come their parents!	Ja ku po vijnë prindërit e tyre!
you – your	Ju – Juaj
How was your trip, Mr. Miller?	Si ishte udhëtimi juaj, zoti Myler?
Where is your wife, Mr. Miller?	Ku është gruaja juaj, zoti Myler?
you – your	Ju – Juaj
How was your trip, Mrs. Smith?	Si ishte udhëtimi juaj, zonja Shmid?
Where is your husband, Mrs. Smith?	Si është burri juaj, zonja Shmid?

68 [sixty-eight]

big – small

68 [gjashtëdhjetëetetë]

i madh – i vogël

big and small	i madh dhe i vogël
The elephant is big.	Elefanti është i madh.
The mouse is small.	Miu është i vogël.
dark and bright	i errët dhe i çelët.
The night is dark.	Nata është e errët.
The day is bright.	Dita është me dritë.
old and young	i vjetër dhe i ri.
Our grandfather is very old.	Gjyshi ynë është shumë i vjetër.
70 years ago he was still young.	Para 70 vjetësh ai ishte akoma i ri.
beautiful and ugly	i bukur dhe i shëmtuar
The butterfly is beautiful.	Flutura është e bukur.
The spider is ugly.	Merimanga është e shëmtuar.
fat and thin	I trashë dhe i hollë
A woman who weighs a hundred kilos is fat.	Një grua 100 kile është e shëndoshë.
A man who weighs fifty kilos is thin.	Një burrë 50 kile është i dobët.
expensive and cheap	i shtrenjtë dhe i lirë
The car is expensive.	Makina është e shtrenjtë.
The newspaper is cheap.	Gazeta është e lirë.

69 [sixty-nine]

to need – to want to

69
[gjashtëdhjetëenëntë]

Më duhet – dua

I need a bed.	Më duhet një krevat.
I want to sleep.	Unë dua të fle.
Is there a bed here?	A ka një krevat këtu?
I need a lamp.	Më duhet një llampë.
I want to read.	Unë dua të lexoj.
Is there a lamp here?	A ka një llambë këtu?
I need a telephone.	Më duhet një telefon.
I want to make a call.	Dua të marr në telefon.
Is there a telephone here?	A ka një telefon këtu?
I need a camera.	Më duhet një kamera.
I want to take photographs.	Dua të fotografoj.
Is there a camera here?	A ka këtu një kamera?
I need a computer.	Më duhet një kompjuter.
I want to send an email.	Dua të dërgoj një e-mail.
Is there a computer here?	A ndodhet një kompjuter këtu?
I need a pen.	Më duhet një stilolaps.
I want to write something.	Dua të shkruaj diçka.
Is there a sheet of paper and a pen here?	A ka këtu një copë letër dhe një stilolaps?

70 [seventy]

to like something

70 [shtatëdhjetë]

Të dëshirosh diçka

Would you like to smoke?	A dëshironi të pini duhan?
Would you like to dance?	A dëshironi të kërceni?
Would you like to go for a walk?	A dëshironi të dilni shëtitje?
I would like to smoke.	Dëshiroj të pi duhan.
Would you like a cigarette?	A dëshiron një cigare?
He wants a light.	Ai dëshiron zjarr.
I want to drink something.	Dëshiroj të pi diçka.
I want to eat something.	Dëshiroj të ha diçka.
I want to relax a little.	Dëshiroj të pushoj pak.
I want to ask you something.	Dëshiroj t'ju pyes për diçka.
I want to ask you for something.	Dëshiroj t'ju kërkoj diçka.
I want to treat you to something.	Dëshiroj t'ju ftoj për diku.
What would you like?	Çfarë dëshironi ju lutem?
Would you like a coffee?	A dëshironi një kafe?
Or do you prefer a tea?	Apo ju pëlqen më shumë një çaj?
We want to drive home.	Dëshirojmë të shkojmë në shtëpi.
Do you want a taxi?	A dëshironi një taksi?
They want to make a call.	Ata dëshirojnë të telefonojnë.

71 [seventy-one]

to want something

71 [shtatëdhjetëenjë]

Të duash diçka

What do you want to do?	Çfarë doni?
Do you want to play football / soccer *(am.)*?	A doni të luani futboll?
Do you want to visit friends?	A doni të vizitoni shokët?
to want	Dua
I don't want to arrive late.	Nuk dua të vij vonë.
I don't want to go there.	Unë nuk dua të shkoj atje.
I want to go home.	Dua të shkoj në shtëpi.
I want to stay at home.	Dua të rri në shtëpi.
I want to be alone.	Dua të rri vetëm.
Do you want to stay here?	Do të rrish këtu?
Do you want to eat here?	Do të hash këtu?
Do you want to sleep here?	A do të flesh këtu?
Do you want to leave tomorrow?	A doni të niseni nesër?
Do you want to stay till tomorrow?	A do të rrini deri nesër?
Do you want to pay the bill only tomorrow?	Doni ta paguani llogarinë nesër?
Do you want to go to the disco?	A doni të shkoni në disko?
Do you want to go to the cinema?	A do të shkoni në kinema?
Do you want to go to a café?	A do shkoni në kafe?

72 [seventy-two]

to have to do something / must

72 [shtatëdhjetëedy]

duhet

must	Duhet
I must post the letter.	Duhet të dërgoj letrën.
I must pay the hotel.	Duhet të paguaj hotelin.
You must get up early.	Ti duhet të ngrihesh herët.
You must work a lot.	Ti duhet të punosh shumë.
You must be punctual.	Ti duhet të jesh i përpiktë.
He must fuel / get petrol / get gas *(am.)*.	Ai duhet të furnizohet me karburant.
He must repair the car.	Ai duhet të rregullojë makinën.
He must wash the car.	Ai duhet të lajë makinën.
She must shop.	Ajo duhet të bëjë pazar.
She must clean the apartment.	Ajo duhet të pastrojë shtëpinë.
She must wash the clothes.	Ajo duhet të lajë rrobat.
We must go to school at once.	Ne duhet të shkojmë menjëherë në shkollë.
We must go to work at once.	Ne duhet të shkojmë menjëherë në punë.
We must go to the doctor at once.	Ne duhet të shkojmë menjëherë te mjeku.
You must wait for the bus.	Ju duhet të prisni autobusin.
You must wait for the train.	Ju duhet të prisni trenin.
You must wait for the taxi.	Ju duhet të prisni taksinë.

73 [seventy-three]

to be allowed to

73 [shtatëdhjetëetre]

mund

Are you already allowed to drive?	A mund t'i japësh makinës tashmë?
Are you already allowed to drink alcohol?	A mund të pish alkool tani?
Are you already allowed to travel abroad alone?	A mund të udhëtosh jashtë shtetit tani?
may / to be allowed	mund
May we smoke here?	A mund të pimë duhan këtu?
Is smoking allowed here?	A mund të pi duhan këtu?
May one pay by credit card?	A mund të paguaj me kartë krediti?
May one pay by cheque / check *(am.)*?	A mund të paguaj me çek?
May one only pay in cash?	A mund të paguaj me lekë në dorë?
May I just make a call?	A mund të telefonoj njëherë?
May I just ask something?	A mund të pyes për diçka?
May I just say something?	A mund të them diçka?
He is not allowed to sleep in the park.	Ai nuk mund të flejë në park.
He is not allowed to sleep in the car.	Ai nuk mund të flejë në makinë.
He is not allowed to sleep at the train station.	Ai nuk mund të flejë në stacionin e trenit.
May we take a seat?	A mund të ulemi?
May we have the menu?	A mund të na jepni menynë?
May we pay separately?	A mund të paguajmë veç e veç?

74 [seventy-four]

Asking for something

74 [shtatëdhjetëekatër]

Të lutesh për diçka

Can you cut my hair?
Not too short, please.
A bit shorter, please.

A mund të m'i prisni flokët?
Jo shumë shkurt, ju lutem.
Pak më shkurt, ju lutem.

Can you develop the pictures?
The pictures are on the CD.
The pictures are in the camera.

A mund t'i zhvilloni fotografitë?
Fotografitë janë në CD.
Fotografitë janë në kamera.

Can you fix the clock?
The glass is broken.
The battery is dead / empty.

A mund ta rregulloni orën?
Gota është e thyer.
Bateria është bosh.

Can you iron the shirt?
Can you clean the pants?
Can you fix the shoes?

A mund ta hekurosni këmishën?
A mund t'i pastroni pantallonat?
A mund t'i riparoni këpucët?

Do you have a light?
Do you have a match or a lighter?
Do you have an ashtray?

A mund të më jepni për të ndezur?
A keni shkrepse ose çakmak?
A keni një tavëll duhani?

Do you smoke cigars?
Do you smoke cigarettes?
Do you smoke a pipe?

A pini puro?
A pini cigare?
A pini me llullë?

75 [seventy-five]

Giving reasons 1

75 [shtatëdhjetëepesë]

Të argumentosh diçka 1

Why aren't you coming?	Pse nuk vini?
The weather is so bad.	Moti është kaq i keq.
I am not coming because the weather is so bad.	Nuk vij, sepse moti është shumë i keq.
Why isn't he coming?	Pse nuk vjen ai?
He isn't invited.	Ai nuk është i ftuar.
He isn't coming because he isn't invited.	Ai nuk vjen se nuk është i ftuar.
Why aren't you coming?	Pse nuk vjen?
I have no time.	Unë nuk kam kohë.
I am not coming because I have no time.	Nuk vij, sepse nuk kam kohë.
Why don't you stay?	Pse nuk rri?
I still have to work.	Unë duhet të punoj akoma.
I am not staying because I still have to work.	Nuk rri, sepse më duhet të punoj akoma.
Why are you going already?	Pse po ikni tani?
I am tired.	Unë jam i lodhur.
I'm going because I'm tired.	Po shkoj, sepse jam i lodhur.
Why are you going already?	Pse po ikni tani?
It is already late.	Është vonë tashmë.
I'm going because it is already late.	Po shkoj, sepse është vonë.

76 [seventy-six]

Giving reasons 2

76 [shtatëdhjetëegjashtë]

Të argumentosh diçka 2

Why didn't you come?	Pse nuk ke ardhur?
I was ill.	Unë isha i sëmurë.
I didn't come because I was ill.	Nuk erdha, sepse isha i sëmurë.
Why didn't she come?	Pse nuk erdhi ajo?
She was tired.	Ajo ishte e lodhur.
She didn't come because she was tired.	Ajo nuk erdhi, sepse ishte e lodhur.
Why didn't he come?	Pse nuk ka ardhur ai?
He wasn't interested.	Ai s'kishte dëshirë.
He didn't come because he wasn't interested.	Ai nuk erdhi, sepse nuk kishte dëshirë.
Why didn't you come?	Pse nuk erdhët ju?
Our car is damaged.	Makina jonë është e prishur.
We didn't come because our car is damaged.	Ne nuk erdhëm, sepse makina jonë është e prishur.
Why didn't the people come?	Pse nuk erdhën njerëzit?
They missed the train.	Ata humbën trenin.
They didn't come because they missed the train.	Ata nuk erdhën, sepse humbën trenin.
Why didn't you come?	Pse nuk erdhe ti?
I was not allowed to.	Nuk më lejohej.
I didn't come because I was not allowed to.	Unë nuk erdha, sepse nuk më lejohej.

77 [seventy-seven]

Giving reasons 3

77 [shtatëdhjetëeshtatë]

Të argumentosh diçka 3

Why aren't you eating the cake?
I must lose weight.
I'm not eating it because I must lose weight.

Pse nuk e hani tortën?
Më duhet të bie nga pesha.
Unë nuk e ha, sepse dua të bie nga pesha.

Why aren't you drinking the beer?
I have to drive.
I'm not drinking it because I have to drive.

Pse nuk e pini birrën?
Unë duhet ti jap makinës.
Nuk e pi, sepse duhet ti jap makinës.

Why aren't you drinking the coffee?
It is cold.
I'm not drinking it because it is cold.

Pse nuk e pi kafen?
Është e ftohtë.
Unë nuk e pi, sepse ajo është e ftohtë.

Why aren't you drinking the tea?
I have no sugar.
I'm not drinking it because I don't have any sugar.

Pse nuk e pi çajin?
Nuk kam sheqer.
Nuk e pi, sepse nuk kam sheqer.

Why aren't you eating the soup?
I didn't order it.
I'm not eating it because I didn't order it.

Pse nuk e hani supën?
Nuk e kam porositur.
Nuk e ha, sepse nuk e kam porositur.

Why don't you eat the meat?
I am a vegetarian.
I'm not eating it because I am a vegetarian.

Pse nuk e hani mishin?
Unë jam vegjetarian.
Nuk e ha, sepse jam vegjetarian.

78 [seventy-eight]

Adjectives 1

78 [shtatëdhjetëetetë]

Mbiemrat 1

an old lady	një grua e vjetër
a fat lady	një grua e shëndoshë
a curious lady	një grua kureshtare
a new car	një makinë e re
a fast car	një makinë e shpejtë
a comfortable car	një makinë komode
a blue dress	një fustan blu
a red dress	një fustan i kuq
a green dress	një fustan i gjelbërt
a black bag	një çantë e zezë
a brown bag	një çantë kafe
a white bag	një çantë e bardhë
nice people	njerëz të mirë
polite people	njerëz të sjellshëm
interesting people	njerëz interesant
loving children	fëmijë të dashur
cheeky children	fëmijë të pasjellshëm
well behaved children	fëmijë të mbarë

79 [seventy-nine]

Adjectives 2

79 [shtatëdhjetëenëntë]

Mbiemrat 2

I am wearing a blue dress.
I am wearing a red dress.
I am wearing a green dress.

I'm buying a black bag.
I'm buying a brown bag.
I'm buying a white bag.

I need a new car.
I need a fast car.
I need a comfortable car.

An old lady lives at the top.
A fat lady lives at the top.
A curious lady lives below.

Our guests were nice people.
Our guests were polite people.
Our guests were interesting people.

I have lovely children.
But the neighbours have naughty children.
Are your children well behaved?

Kam veshur një fustan blu.
Kam veshur një fustan të kuq.
Kam veshur një fustan të gjelbër.

Unë blej një çantë të zezë.
Unë blej një çantë kafe.
Unë blej një çantë të bardhë.

Kam nevojë për një makinë të re.
Kam nevojë për një makinë të shpejtë.
Kam nevojë për një makinë të rehatshme.

Atje lart banon një grua e vjetër.
Atje lart banon një grua e shëndoshë.
Atje poshtë banon një grua kureshtare.

Të ftuarit tanë ishin njerëz të mirë.
Të ftuarit tanë ishin njerëz të sjellshëm.
Të ftuarit tanë ishin njerëz interesant.

Unë kam fëmijë të dashur.
Por fqinjët kanë fëmijë të pacipë.
A janë fëmijët tuaj të mirë?

80 [eighty]

Adjectives 3

80 [tetëdhjetë]

Mbiemrat 3

She has a dog.	Ajo ka një qen.
The dog is big.	Qeni është i madh.
She has a big dog.	Ajo ka një qen të madh.
She has a house.	Ajo ka një shtëpi.
The house is small.	Shtëpia është e vogël.
She has a small house.	Ajo ka një shtëpi të vogël.
He is staying in a hotel.	Ai banon në një hotel.
The hotel is cheap.	Hoteli është i lirë.
He is staying in a cheap hotel.	Ai banon në një hotel të lirë.
He has a car.	Ai ka një makinë.
The car is expensive.	Makina është e shtrenjtë.
He has an expensive car.	Ai ka një makinë të shtrenjtë.
He reads a novel.	Ai lexon një roman.
The novel is boring.	Romani është i mërzitshëm.
He is reading a boring novel.	Ai lexon një roman të mërzitshëm.
She is watching a movie.	Ai shikon një film.
The movie is exciting.	Filmi është tërheqës.
She is watching an exciting movie.	Ai shikon një film tërheqës.

81 [eighty-one]

Past tense 1

81 [tetëdhjetëenjë]

E shkuara 1

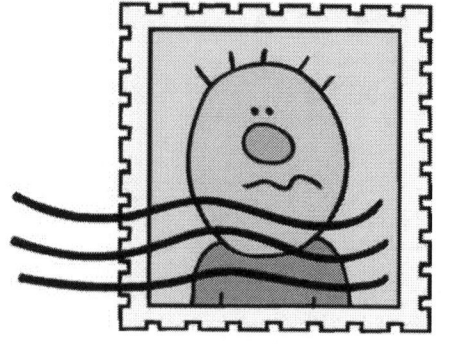

to write	shkruaj
He wrote a letter.	Ai shkruajti një letër.
And she wrote a card.	Dhe ajo shkruajti një kartolinë.
to read	lexoj
He read a magazine.	Ai lexoi një revistë.
And she read a book.	Dhe ajo lexoi një libër.
to take	marr
He took a cigarette.	Ai mori një cigare.
She took a piece of chocolate.	Ajo mori një copë çokollatë.
He was disloyal, but she was loyal.	Ai nuk ishte besnik, por ajo ishte besnike.
He was lazy, but she was hard-working.	Ai ishte dembel, por ajo ishte e zellshme.
He was poor, but she was rich.	Ai ishte i varfër, por ajo ishte e pasur.
He had no money, only debts.	Ai s'kishte lekë, por borxhe.
He had no luck, only bad luck.	Ai s'kishte fat, por vetëm tersllëk.
He had no success, only failure.	Ai s'kishte sukses, por dështim.
He was not satisfied, but dissatisfied.	Ai nuk ishte i kënaqur, por i pakënaqur.
He was not happy, but sad.	Ai nuk ishte i lumtur, por i trishtuar.
He was not friendly, but unfriendly.	Ai nuk ishte simpatik, por ishte antipatik.

82 [eighty-two]

Past tense 2

82 [tetëdhjetëedy]

E shkuara 2

Did you have to call an ambulance?
Did you have to call the doctor?
Did you have to call the police?

A të duhej të thërrisje një ambulancë?
A të duhej të thërrisje mjekun?
A të duhej të thërrisje policinë?

Do you have the telephone number? I had it just now.
Do you have the address? I had it just now.
Do you have the city map? I had it just now.

A e keni numrin e telefonit? E kisha deri para pak.
A e keni adresën? E kisha deri para pak.
A e keni planin e qytetit? E kisha deri para pak.

Did he come on time? He could not come on time.
Did he find the way? He could not find the way.
Did he understand you? He could not understand me.

A erdhi në kohë? Ai nuk mund të vinte në kohë.
A e gjeti rrugën? Ai nuk mund ta gjente rrugën.
A të kuptoi ai ty? Ai nuk mund të më kuptonte.

Why could you not come on time?
Why could you not find the way?
Why could you not understand him?

Pse nuk munde të vije në kohë?
Pse nuk munde ta gjeje rrugën?
Pse nuk munde ta kuptoje atë?

I could not come on time because there were no buses.
I could not find the way because I had no city map.
I could not understand him because the music was so loud.

Nuk munda të vija në kohë, sepse s'kishte autobus.
Nuk munda ta gjeja rrugën, sepse s'kisha plan qyteti.
Nuk munda ta kuptoja, sepse muzika ishte e lartë.

I had to take a taxi.
I had to buy a city map.
I had to switch off the radio.

M'u desh të merrja një taksi.
M'u desh të blija një plan qyteti.
M'u desh të fikja radion.

83 [eighty-three]

Past tense 3

83 [tetëdhjetëetre]

E shkuara 3

to make a call	telefonoj
I made a call.	Kam telefonuar.
I was talking on the phone all the time.	Kam marr në telefon gjithë kohës.
to ask	pyes
I asked.	Unë kam pyetur.
I always asked.	Kam pyetur gjithmonë.
to narrate	tregoj
I narrated.	Kam treguar.
I narrated the whole story.	Unë e kam treguar të gjithë historinë.
to study	mësoj
I studied.	Unë kam mësuar.
I studied the whole evening.	Kam mësuar gjithë mbrëmjen.
to work	punoj
I worked.	Unë kam punuar.
I worked all day long.	Kam punuar gjithë ditën.
to eat	ha
I ate.	Unë kam ngrënë.
I ate all the food.	Unë e kam ngrënë të gjithë ushqimin.

84 [eighty-four]

Past tense 4

84 [tetëdhjetëekatër]

E shkuara 4

to read
I read.
I read the whole novel.

lexoj
Unë kam lexuar.
E kam lexuar të gjithë romanin.

to understand
I understood.
I understood the whole text.

kuptoj
Unë e kam kuptuar.
E kam kuptuar të gjithë tekstin.

to answer
I answered.
I answered all the questions.

përgjigjem
Unë jam përgjigjur.
U jam përgjigjur të gjitha pyetjeve.

I know that – I knew that.
I write that – I wrote that.
I hear that – I heard that.

E di – e kam ditur.
Unë shkruaj këtë – e kam shkruar këtë.
E dëgjoj këtë – këtë e kam dëgjuar.

I'll get it – I got it.
I'll bring that – I brought that.
I'll buy that – I bought that.

Unë marr këtë – e kam marrë këtë.
Unë sjell këtë – unë e kam sjellë këtë.
Unë blej këtë – këtë e kam blerë.

I expect that – I expected that.
I'll explain that – I explained that.
I know that – I knew that.

Unë e pres këtë – e kam pritur këtë.
Unë shpjegoj këtë – këtë e kam shpjeguar.
Unë e njoh këtë – unë këtë e kam njohur.

85 [eighty-five]

Questions – Past tense 1

85 [tetëdhjetëepesë]

Pyes – e shkuara 1

How much did you drink?	Sa keni pirë ?
How much did you work?	Sa keni punuar?
How much did you write?	Sa keni shkruar?
How did you sleep?	Si keni fjetur?
How did you pass the exam?	Si e morët provimin?
How did you find the way?	Si e gjetët rrugën?
Who did you speak to?	Me kë keni folur?
With whom did you make an appointment?	Me kë keni lënë takim?
With whom did you celebrate your birthday?	Me kë e festuat ditëlindjen?
Where were you?	Ku keni qenë?
Where did you live?	Ku keni banuar?
Where did you work?	Ku keni punuar?
What did you suggest?	Çfarë keni këshilluar?
What did you eat?	Çfarë keni ngrënë?
What did you experience?	Çfarë keni mësuar?
How fast did you drive?	Sa shpejt keni udhëtuar?
How long did you fly?	Sa kohë keni fluturuar?
How high did you jump?	Sa lart jeni hedhur?

86 [eighty-six]

Questions – Past tense 2

Which tie did you wear?	Çfarë kravate vure?
Which car did you buy?	Cilën makinë ke blerë?
Which newspaper did you subscribe to?	Në cilën gazetë je abonuar?
Who did you see?	Kë keni parë?
Who did you meet?	Kë keni takuar?
Who did you recognize?	Kë keni njohur?
When did you get up?	Kur jeni ngritur?
When did you start?	Kur keni filluar?
When did you finish?	Kur keni pushuar?
Why did you wake up?	Pse jeni zgjuar?
Why did you become a teacher?	Pse u bëtë mësues?
Why did you take a taxi?	Pse morët një taksi?
Where did you come from?	Nga keni ardhur?
Where did you go?	Ku keni shkuar?
Where were you?	Ku keni qenë?
Who did you help?	Kë ke ndihmuar?
Who did you write to?	Kujt i ke shkruar?
Who did you reply to?	Kujt i je përgjigjur?

86 [tetëdhjetëegjashtë]

Pyes – e shkuara 2

87 [eighty-seven]

Past tense of modal verbs 1

87 [tetëdhjetëeshtatë]

E shkuara e foljeve modale 1

We had to water the flowers.	Ne duhet të ujisim lulet.
We had to clean the apartment.	Duhet të rregullonim banesën.
We had to wash the dishes.	Duhet të lanim enët.
Did you have to pay the bill?	A duhet të paguanit llogarinë?
Did you have to pay an entrance fee?	A duhet të paguanit për hyrjen?
Did you have to pay a fine?	A duhet të paguanit gjobë?
Who had to say goodbye?	Kush duhet të ndahej?
Who had to go home early?	Kush duhet të shkonte herët në shtëpi?
Who had to take the train?	Kush duhet të merrte trenin?
We did not want to stay long.	Ne nuk donim të rrinim gjatë.
We did not want to drink anything.	S'donim të pinim asgjë.
We did not want to disturb you.	Nuk donim t'ju bezdisnim.
I just wanted to make a call.	Desha të marr në telefon.
I just wanted to call a taxi.	Desha të porosis një taksi.
Actually I wanted to drive home.	Desha të udhëtoja për në shtëpi.
I thought you wanted to call your wife.	Mendova se doje të merrje gruan në telefon.
I thought you wanted to call information.	Mendova se doje të merrje në telefon informacionin.
I thought you wanted to order a pizza.	Mendova se doje të porosisje një picë.

88 [eighty-eight]

Past tense of modal verbs 2

88 [tetëdhjetëetetë]

E shkuara e foljeve modale 2

My son did not want to play with the doll.	Djali im nuk donte të luante me kukullën.
My daughter did not want to play football / soccer (am.).	Vajza ime nuk donte të luante futboll.
My wife did not want to play chess with me.	Gruaja ime nuk donte të luante shah me mua.
My children did not want to go for a walk.	Fëmijët e mi nuk donin të dilnin shëtitje.
They did not want to tidy the room.	Ata nuk donin të rregullonin dhomën.
They did not want to go to bed.	Ata nuk donin të shkonin në shtrat.
He was not allowed to eat ice cream.	Nuk i lejohej të hante akullore.
He was not allowed to eat chocolate.	Nuk i lejohej të hante çokollatë.
He was not allowed to eat sweets.	Nuk i lejohej të hante karamele.
I was allowed to make a wish.	Më lejohej ti dëshiroja vetes diçka.
I was allowed to buy myself a dress.	Më lejohej të blija një fustan.
I was allowed to take a chocolate.	Më lejohej të merrja një copë çokollatë.
Were you allowed to smoke in the airplane?	A të lejohej të pije duhan në aeroplan?
Were you allowed to drink beer in the hospital?	A të lejohej të pije birrë në spital?
Were you allowed to take the dog into the hotel?	A të lejohej të merrje qenin me vete në hotel?
During the holidays the children were allowed to remain outside late.	Gjatë pushimeve fëmijëve u lejohej të rrinin jashtë gjatë.
They were allowed to play in the yard for a long time.	Ju lejohej të luanin gjatë në oborr.
They were allowed to stay up late.	Ju lejohej të rrinin zgjuar gjatë.

89 [eighty-nine]

Imperative 1

89 [nëtetëdhjetëenëntë]

Urdhërore 1

You are so lazy – don't be so lazy!	Ti je kaq dembel – mos ji kaq dembel!
You sleep for so long – don't sleep so late!	Ti fle gjatë – mos fli kaq gjatë!
You come home so late – don't come home so late!	Ti vjen kaq vonë – mos eja kaq vonë!
You laugh so loudly – don't laugh so loudly!	Ti qesh me zë kaq të lartë – mos qesh me zë kaq të lartë!
You speak so softly – don't speak so softly!	Ti flet me zë kaq të ulët – mos flit me zë kaq të ulët!
You drink too much – don't drink so much!	Ti pi shumë – mos pi kaq shumë!
You smoke too much – don't smoke so much!	Ti pi shumë duhan – mos pi kaq shumë!
You work too much – don't work so much!	Ti punon shumë – mos puno kaq shumë!
You drive too fast – don't drive so fast!	Ti udhëton kaq shpejt – mos udhëto kaq shpejt!
Get up, Mr. Miller!	Ngrihuni, zoti Myler!
Sit down, Mr. Miller!	Uluni, zoti Myler!
Remain seated, Mr. Miller!	Rrini ulur, zoti Myler!
Be patient!	Kini durim!
Take your time!	Merrni kohën që ju duhet!
Wait a moment!	Prisni një moment!
Be careful!	Kini kujdes!
Be punctual!	Jini të përpiktë!
Don't be stupid!	Mos u tregoni budalla!

90 [ninety]

Imperative 2

90 [nëntëdhjetë]

Urdhërore 2

Shave!	Rruaj mjekrën!
Wash yourself!	Lahu!
Comb your hair!	Krihu!
Call!	Telefono! Telefononi!
Begin!	Fillo! Filloni!
Stop!	Pusho! Pushoni!
Leave it!	Lëre! Lëreni këtë!
Say it!	Thuaj! Thoni!
Buy it!	Blije! Blijeni!
Never be dishonest!	Mos ji kurrë i pandershëm!
Never be naughty!	Mos u trego kurrë i pafytyrë!
Never be impolite!	Moj ji kurrë i pasjellshëm!
Always be honest!	Ji gjithmonë i ndershëm!
Always be nice!	Ji gjithmonë i mirë!
Always be polite!	Ji gjithmonë i sjellshëm!
Hope you arrive home safely!	Shkofshi shëndoshë e mirë në shtëpi!
Take care of yourself!	Kujdesuni për veten!
Do visit us again soon!	Na vizitoni përsëri!

91 [ninety-one]

Subordinate clauses: *that* 1

91 [nëntëdhjetëenjë]

Fjali nënrenditëse me që 1

Perhaps the weather will get better tomorrow.	Ndoshta moti nesër do të jetë më i mirë.
How do you know that?	Nga e dini këtë?
I hope that it gets better.	Shpresoj se do të bëhet më mirë.
He will definitely come.	Ai me siguri do të vijë.
Are you sure?	A është e sigurtë?
I know that he'll come.	Unë e di se ai do të vijë.
He'll definitely call.	Me siguri do të marrë në telefon.
Really?	Me të vërtetë?
I believe that he'll call.	Besoj se do të marrë në telefon.
The wine is definitely old.	Vera është me siguri e vjetër.
Do you know that for sure?	A e dini këtë me siguri?
I think that it is old.	Supozoj, se është e vjetër.
Our boss is good-looking.	Shefi ynë është i pashëm.
Do you think so?	A ju duket?
I find him very handsome.	Mendoj madje se është shumë i pashëm.
The boss definitely has a girlfriend.	Shefi ka një shoqe me siguri.
Do you really think so?	Me të vërtetë e besoni?
It is very possible that he has a girlfriend.	Është mëse e mundur, që ai të ketë një shoqe.

92 [ninety-two]

Subordinate clauses: *that* 2

92 [nëntëdhjetëedy]

Fjali nënrenditëse me që 2

I'm angry that you snore.	Më nervozon, që gërrhet.
I'm angry that you drink so much beer.	Më nervozon, që pi kaq shumë birrë.
I'm angry that you come so late.	Më nervozon, që vjen kaq vonë.
I think he needs a doctor.	Besoj se ai ka nevojë për mjek.
I think he is ill.	Mendoj se ai është i sëmurë.
I think he is sleeping now.	Mendoj se ai fle tani.
We hope that he marries our daughter.	Shpresojmë që ai të martohet me vajzën tonë.
We hope that he has a lot of money.	Shpresojmë që të ketë shumë para.
We hope that he is a millionaire.	Shpresojmë të jetë milioner.
I heard that your wife had an accident.	Kam dëgjuar, që gruaja juaj ka pësuar një aksident.
I heard that she is in the hospital.	Kam dëgjuar, se ajo ndodhet në spital.
I heard that your car is completely wrecked.	Kam dëgjuar, se makina jote është prishur komplet.
I'm happy that you came.	Gëzohem që erdhët.
I'm happy that you are interested.	Gëzohem që keni interes.
I'm happy that you want to buy the house.	Gëzohem që doni të blini shtëpinë.
I'm afraid the last bus has already gone.	Kam frikë, se autobusi i fundit ka ikur.
I'm afraid we will have to take a taxi.	Kam frikë, se duhet të marrim një taksi.
I'm afraid I have no more money.	Kam frikë, se s'kam më lekë me vete.

93 [ninety-three]

Subordinate clauses: if

93 [nëntëdhjetëetre]

Fjali të nënrenditura me nëse

I don't know if he loves me.
I don't know if he'll come back.
I don't know if he'll call me.

Nuk e di, nëse ai më do.
Nuk e di, nëse ai kthehet.
Nuk e di, nëse më merr në telefon.

Maybe he doesn't love me?
Maybe he won't come back?
Maybe he won't call me?

Nëse ai më dashuron?
Nëse ai kthehet me siguri?
Nëse më merr në telefon?

I wonder if he thinks about me.
I wonder if he has someone else.
I wonder if he lies.

Pyes veten, nëse ai mendon për mua.
Pyes veten, nëse ai ka një tjetër.
Pyes veten, nëse ai gënjen.

Maybe he thinks of me?
Maybe he has someone else?
Maybe he tells me the truth?

Nëse ai mendon për mua?
Nëse ai ka një tjetër?
Nëse ai thotë të vërtetën?

I doubt whether he really likes me.
I doubt whether he'll write to me.
I doubt whether he'll marry me.

Dyshoj, nëse ai më do me të vërtetë.
Dyshoj, nëse më shkruan.
Dyshoj, nëse martohet me mua.

Does he really like me?
Will he write to me?
Will he marry me?

Nëse me të vërtetë më do?
Nëse me të vërtetë më shkruan?
Nëse me të vërtetë martohet me mua?

94 [ninety-four]

Conjunctions 1

94 [nëntëdhjetëekatër]

Lidhëzat 1

Wait until the rain stops.	Prit derisa të pushojë shiu.
Wait until I'm finished.	Prit sa të bëhem gati.
Wait until he comes back.	Prit derisa të vijë ai.
I'll wait until my hair is dry.	Po pres derisa të më thahen flokët.
I'll wait until the film is over.	Po pres derisa të mbarojë filmi.
I'll wait until the traffic light is green.	Po pres derisa semafori të bëhet i gjelbër.
When do you go on holiday?	Kur nisesh për pushime?
Before the summer holidays?	Para pushimeve të verës?
Yes, before the summer holidays begin.	Po, para se të fillojnë pushimet e verës.
Repair the roof before the winter begins.	Rregulloje çatinë para se të vijë dimri.
Wash your hands before you sit at the table.	Laji duart, para se të ulesh në tavolinë.
Close the window before you go out.	Mbylle dritaren, para se të dalësh jashtë.
When will you come home?	Kur kthehesh në shtëpi?
After class?	Pas mësimit?
Yes, after the class is over.	Po, pasi mësimi të mbarojë.
After he had an accident, he could not work anymore.	Pas aksidentit ai nuk mund të punonte më.
After he had lost his job, he went to America.	Pasi humbi punën, ai shkoi në Amerikë.
After he went to America, he became rich.	Pasi iku në Amerikë, u bë i pasur.

95 [ninety-five]

Conjunctions 2

95 [nëntëdhjetëepesë]

Lidhëzat 2

Since when is she no longer working?
Since her marriage?
Yes, she is no longer working since she got married.

Since she got married, she's no longer working.
Since they have met each other, they are happy.
Since they have had children, they rarely go out.

When does she call?
When driving?
Yes, when she is driving.

She calls while she drives.
She watches TV while she irons.
She listens to music while she does her work.

I can't see anything when I don't have glasses.
I can't understand anything when the music is so loud.
I can't smell anything when I have a cold.

We'll take a taxi if it rains.
We'll travel around the world if we win the lottery.
We'll start eating if he doesn't come soon.

Prej sa kohësh ajo nuk punon më?
Që prej martesës?
Po, ajo nuk punon më, qëkur u martua.

Qëkur u martua, ajo nuk punon më.
Qëkur njihen, ata janë të lumtur.
Qëkur janë bërë me fëmijë, dalin më rrallë.

Kur do të telefonojë ajo?
Gjatë udhëtimit?
Po, kur nget makinën.

Ajo telefonon, kur nget makinën.
Ajo shikon televizor, kur hekuros.
Ajo dëgjon muzikë, kur bën detyrat e shtëpisë.

Nuk shikoj asgjë, kur s'kam syzet.
Nuk kuptoj asgjë, kur muzika është kaq e lartë.
Nuk nuhas asgjë, kur jam me rrufë.

Ne marrim një taksi, kur bie shi.
Ne do të udhëtojmë përreth botës, nëse fitojmë në llotari.
Ne do të fillojmë të hamë, nëse ai s'vjen shpejt.

96 [ninety-six]

Conjunctions 3

96
[nëntëdhjetëegjashtë]

Lidhëzat 3

I get up as soon as the alarm rings.	Unë ngrihem sa bie zilja.
I become tired as soon as I have to study.	Lodhem sapo më duhet të mësoj.
I will stop working as soon as I am 60.	Do pushoj së punuari sa te mbush 60 vjeç.
When will you call?	Kur do merrni në telefon?
As soon as I have a moment.	Sa të kem pak kohë.
He'll call, as soon as he has a little time.	Ai do të marrë në telefon sa të ketë pak kohë.
How long will you work?	Sa gjatë do të punoni?
I'll work as long as I can.	Do të punoj sa të mundem.
I'll work as long as I am healthy.	Do të punoj për aq kohë sa jam i shëndetshëm.
He lies in bed instead of working.	Ai rri në krevat, në vend që të punojë.
She reads the newspaper instead of cooking.	Ajo lexon gazetën, në vend që të gatuaj.
He is at the bar instead of going home.	Ai rri në lokal, në vend që të shkojë në shtëpi.
As far as I know, he lives here.	Me aq sa di, ai banon këtu.
As far as I know, his wife is ill.	Me aq sa di, gruaja e tij është e sëmurë.
As far as I know, he is unemployed.	Me aq sa di, ai është i papunë.
I overslept; otherwise I'd have been on time.	Më zuri gjumi, përndryshe do të isha i përpiktë.
I missed the bus; otherwise I'd have been on time.	Humba autobusin, përndryshe do të isha i përpiktë.
I didn't find the way / I got lost; otherwise I'd have been on time.	Nuk e gjeta rrugën, përndryshe do të isha i përpiktë.

97 [ninety-seven]

Conjunctions 4

97 [nëntëdhjetëeshtatë]

Lidhëzat 4

He fell asleep although the TV was on.
He stayed a while although it was late.
He didn't come although we had made an appointment.

E zuri gjumi, megjithëse televizori ishte i ndezur.
Ai qëndroi, megjithëse ishte vonë.
Nuk erdhi, megjithëse e kishim lënë të takoheshim.

The TV was on. Nevertheless, he fell asleep.
It was already late. Nevertheless, he stayed a while.
We had made an appointment. Nevertheless, he didn't come.

Televizori ishte i ndezur. Megjithatë atë e zuri gjumi.
Ndonëse ishte vonë, ai qëndroi.
Ne kishim lënë takim. Megjithate ai nuk erdhi.

Although he has no license, he drives the car.
Although the road is slippery, he drives so fast.
Although he is drunk, he rides his bicycle.

Edhe pse ai nuk ka patentë, e nget makinën.
Edhe pse rruga është e lëmuar, ai i jep makinës shpejt.
Ai udhëton me biçikletë, megjithëse është i dehur.

Despite having no licence / license *(am.)*, he drives the car.
Despite the road being slippery, he drives fast.
Despite being drunk, he rides the bike.

Ai s'ka patentë. Megjithate ai nget makinën.
Rruga është e lëmuar, megjithatë ai nget shpejt.
Ai është i dehur, megjithëatë ai ecen me biçikletë.

Although she went to college, she can't find a job.
Although she is in pain, she doesn't go to the doctor.
Although she has no money, she buys a car.

Ajo nuk gjen vend pune, megjithëse ka studiuar.
Ajo nuk shkon te mjeku, megjithëse ajo ka dhimbje.
Ajo blen një makinë, megjithëse s'ka lekë.

She went to college. Nevertheless, she can't find a job.
She is in pain. Nevertheless, she doesn't go to the doctor.
She has no money. Nevertheless, she buys a car.

Ajo ka studiuar. Megjithatë ajo nuk gjen punë.
Ajo ka dhimbje. Megjithatë ajo nuk shkon te mjeku.
Ajo s'ka lekë. Megjithatë ajo blen një makinë.

98 [ninety-eight]

Double connectors

98 [nëntëdhjetëetetë]

Lidhëza bashkërenditëse

The journey was beautiful, but too tiring.
The train was on time, but too full.
The hotel was comfortable, but too expensive.

Udhëtimi ishte i bukur, por i lodhshëm.
Treni ishte i përpiktë, por plot.
Hoteli ishte i rehatshëm, por i shtrenjtë.

He'll take either the bus or the train.
He'll come either this evening or tomorrow morning.
He's going to stay either with us or in the hotel.

Ai merr ose autobusin ose trenin.
Ai vjen ose sot në mbrëmje ose nesër në mëngjes.
Ai banon ose te ne ose në hotel.

She speaks Spanish as well as English.
She has lived in Madrid as well as in London.
She knows Spain as well as England.

Ai flet spanjisht dhe anglisht.
Ajo ka jetuar si në Madrid ashtu edhe në Londër.
Ajo njeh si Spanjën ashtu edhe Anglinë.

He is not only stupid, but also lazy.
She is not only pretty, but also intelligent.
She speaks not only German, but also French.

Ai nuk është vetëm budalla por edhe dembel.
Ajo nuk është vetëm e bukur por edhe inteligjente.
Ajo nuk flet vetëm gjermanisht por edhe frëngjisht.

I can neither play the piano nor the guitar.
I can neither waltz nor do the samba.
I like neither opera nor ballet.

Unë nuk luaj as piano as kitare.
Unë nuk mund të kërcejë as vals as samba.
S'dua as operën as baletin.

The faster you work, the earlier you will be finished.
The earlier you come, the earlier you can go.
The older one gets, the more complacent one gets.

Sa më shpejt të punosh, aq më shpejt je gati.
Sa më shpejt të vish, aq më shpejt mund të shkosh.
Sa më tepër të plakesh, aq më pak e vret mendjen.

99 [ninety-nine]

Genitive

99 [nëntëdhjetëenëntë]

Gjinore

my girlfriend's cat	macja e shoqes sime
my boyfriend's dog	qeni i shokut tim
my children's toys	lodrat e fëmijëve të mi
This is my colleague's overcoat.	Kjo është palltoja e kolegut tim.
That is my colleague's car.	Kjo është makina e koleges sime.
That is my colleagues' work.	Kjo është puna e kolegëve të mi.
The button from the shirt is gone.	Kopsa e këmishës sime është këputur.
The garage key is gone.	Çelsi i garazhit ka humbur.
The boss' computer is not working.	Kompjuteri i shefit është prishur.
Who are the girl's parents?	Kush janë prindërit e vajzës?
How do I get to her parents' house?	Si mund të vij te shtëpia e prindërve tuaj?
The house is at the end of the road.	Shtëpia është në fund të rrugës.
What is the name of the capital city of Switzerland?	Si quhet kryeqyteti i Zvicrës?
What is the title of the book?	Si quhet titulli i librit?
What are the names of the neighbour's / neighbor's *(am.)* children?	Si quhen fëmijët e fqinjëve?
When are the children's holidays?	Kur janë pushimet verore të fëmijëve?
What are the doctor's consultation times?	Kur janë oraret te mjeku?
What time is the museum open?	Kur janë oraret e muzeut?

100 [one hundred]

Adverbs

100 [njëqind]

Ndajfoljet

already – not yet	njëherë – kurrë
Have you already been to Berlin?	A keni qenë ndonjëherë në Berlin?
No, not yet.	Jo, asnjëherë.
someone – no one	dikush – askush
Do you know someone here?	A njihni ndonjë?
No, I don't know anyone here.	Jo, nuk njoh njeri këtu.
a little longer – not much longer	akoma – jo më
Will you stay here a little longer?	A do rrini akoma gjatë këtu?
No, I won't stay here much longer.	Jo, nuk rri më gjatë këtu.
something else – nothing else	akoma më – jo më.
Would you like to drink something else?	A dëshironi të pini akoma?
No, I don't want anything else.	Jo, s'dua më.
something already – nothing yet	diçka – akoma asgjë
Have you already eaten something?	A keni ngrënë ndonjë gjë?
No, I haven't eaten anything yet.	Jo, s'kam ngrënë akoma asgjë.
someone else – no one else	ndonjë akoma – askush më
Does anyone else want a coffee?	A dëshiron dikush tjetër një kafe?
No, no one else.	Jo, askush më.

Printed in Great Britain
by Amazon.co.uk, Ltd.,
Marston Gate.